CASAS DE AVIVAMIENTO
Edicion: Heme Aquí

52 Lecciones

Casas De Avivamiento

Edición Heme Aquí

Derechos de propiedad literaria

@ 2024 Los Pentecostales de Kissimmee y Orlando

Nueva Generación de Discípulos

ISBN: 979-8-218-36607-0

A menos que se indique lo contrario, las citas bíblicas han sido tomadas de la versión Reina Valera

Colaboradores

Discípulos que han dicho, "Heme Aquí"-

Carlos Díaz, Edwin García, Fanny Echavarría, Gerson Sagui, Karina Leal, Paola García, Serioli Díaz, Luis Franco.

PALABRAS DEL PASTOR

¡Mil bendiciones en el nombre de Jesús!

Queremos dedicar este libro a todos los discípulos, coordinadores y encargados de casas, ya que, sin su ayuda y dedicación esto no podría ser posible.

Esperamos que este material pueda suplir las necesidades espirituales de todos los asistentes de cada casa de avivamiento. Nuestra visión es tener una relación con Dios y relacionarnos unos con otros, para así alcanzar una verdadera experiencia al servirle al Rey de reyes.

Dios nos ha inquietado con la idea de que la iglesia debe volver a los hechos apostólicos, donde las personas se reunían en las casas y en el templo.

Sigamos perseverando y recuerden:
"Crecemos con casas y nos multiplicamos con discípulos"

Con mucho amor su pastor,

Tulio Uriarte

HOJA DE INFORMACIÓN

¿Cómo tener reuniones exitosas en casas de avivamiento?

1. **Toda reunión debe empezar con oración y terminar con oración.** Nuestro objetivo no es solo tener la edificación bíblica y disfrutar el compañerismo. También es importante poder ver que Jesús obra en medio del grupo. A través de la oración, Él suplirá necesidades y hará cambios en las vidas de las personas, etc.

2. **Empezar y terminar a tiempo nuestra reunión.** Cumplir con los horarios establecidos es parte del respeto que se le muestra a las personas.

3. **La participación es la clave del éxito.** El encargado deberá guiar al grupo hacia este punto. Mientras más personas participan en la reunión, mayor será el provecho y más rápido será el crecimiento.

   - Para lograr participación, es bueno saber hacer las preguntas correctas y colocar a las personas en un círculo en donde todos se vean.
   - No presione a nadie a que ore, lea o hable. Una manera de fomentar la participación es preguntar si alguien quiere leer, hablar, o elegir una canción.
   - No permita que ninguna persona en particular domine la conversación. Esto afectaría la participación de los demás.

Ame a las personas de su casa de avivamiento. Usted no puede guiarlos si no puede amarlos.

4. **Responda con amor e inmediatamente a una necesidad expresada.** (1 Juan 3:17). "Pero el que tiene bienes de este mundo y ve a su hermano tener necesidad, y cierra contra él su corazón, ¿cómo mora el amor de Dios en él?"

5. **No permita discusiones doctrinales que provocan división** (Tito 3:9-10). Como encargado usted puede necesitar decir en un determinado momento: "hablar de esto no nos conduce a nada". Necesitamos dirigir nuestra atención a las verdades que pueden aplicarse a nuestras vidas.

6. **Practique la edificación mutua** (Romanos 14:19). Así que procuremos lo que contribuye a la paz y a la edificación mutua. Aliente siempre. Si usted alienta, su grupo también aprenderá a alentarse mutuamente. Cada persona necesita sentirse importante y sentir que aporta algo cuando participa.

7. **Los nuevos miembros le dan vida al grupo y lo hacen más saludable.** Recuerde que los grupos son abiertos, no cerrados. Eso significa que "cualquiera puede entrar en cualquier momento". El orar por la silla vacía se hace para recordar el compromiso del grupo hacia las personas nuevas.

8. **Mantenga un ambiente de calma.** Un buen encargado aprende a no sorprenderse por nada, para no reaccionar precipitadamente ante algo que se diga o se haga. Si nosotros creamos un clima de amor y aceptación a las personas, el Espíritu Santo hará su trabajo.

9. Conclusión:

Acerquémonos en este día a Dios para que nos dé su gracia y permita que esta enseñanza no pase a la historia, roguemos todos a Dios, porque yo sé que el Señor quiere recoger una gran cosecha a través nuestro.

Le recordamos que debe prepararse como todo maestro para compartir su lección. Sobra decir que debe estar bien relacionado con aquello que está trasmitiendo al grupo. Por favor mantenga el siguiente orden:

1. Oración de inicio
2. Alabanzas
3. Saludos de nuestro pastor
4. Compartir nuestras guías y metas de las casas

Meta # 1 Crecer en relación con Dios

Meta # 2 Crecer en relación los unos con los otros

Meta # 3 Crecer en números y multiplicarnos

Guía # 4 Ser puntuales

5. Dinámica / Rompe hielo

Si usted sigue estos pasos básicos, le aseguro que va a disfrutar y enseñar una buena lección en todas nuestras Casas de Avivamiento. Nuestra oración es que Dios le dé la gracia y la sabiduría necesaria para edificar el cuerpo de Cristo.

Índice

TEMA 1 - AMISTAD GENUINA   1

TEMA 2- NADA ES CASUALIDAD   5

TEMA 3- FE Y HONRA   7

TEMA 4- MILAGROS   11

TEMA 5- UN PROPÓSITO EN MI VIDA   15

TEMA 6- UN LUGAR PREPARADO   19

TEMA 7- EL CAMINO QUE ME CONDUCE HACIA LA SALVACIÓN   23

TEMA 8- LA INVITACIÓN A UNA BODA   27

TEMA 9- EL PERDÓN   29

TEMA 10- EL DIABLO SIEMPRE SEPARA AL HIJO DEL PADRE   33

TEMA 11- LA PROVISIÓN DE DIOS   37

TEMA 12- VISITAR Y MORAR   41

TEMA 13- LOS HIJOS HEREDAN   45

TEMA 14- ¿PORQUÉ ESTOY AQUÍ?   49

TEMA 15- DATE PRISA   53

TEMA 16- LA ESCLAVITUD Y EL AGRADECIMIENTO   57

TEMA 17- UNA VISITA DEL ÁNGEL DEL SEÑOR A MI CASA   61

TEMA 18- VALLES O DESIERTOS   65

TEMA 19- EL DESOBEDECER A LOS PADRES   69

TEMA 20- LA HONRA AL PADRE   73

TEMA 21- EL PRIMER AMOR   77

TEMA 22- LA VENIDA DE CRISTO   81

TEMA 23- LA MISERICORDIA   85

TEMA 24- GUSTO Y PRIORIDAD   89

TEMA 25- TIEMPO DE RENOVAR   91

TEMA 26- LA PUERTA ABIERTA   93

TEMA 27- LLAMADOS A LA SALVACION   97

TEMA 28- UNA VERDADERA RELACIÓN CON DIOS   101

TEMA 29- DIOS NUNCA LLEGA TARDE   103

TEMA 30- Y ME SERÉIS TESTIGOS   107

TEMA 31- EL DESCANSO QUE SOLO DIOS PUEDE DAR   111

TEMA 32- UN CORAZÓN AGRADECIDO NO DESPRECIA A DIOS   113

TEMA 33- NACER DE NUEVO   117

TEMA 34- UNA VIDA APASIONADA   121

TEMA 35- CUANDO LLEGAN LOS PROBLEMAS   125

TEMA 36- TRANSFORMANDO LADERROTAEN VICTORIA   129

TEMA 37- JESÚS PREPARA UN HOGAR ETERNO PARA SU PUEBLO   133

TEMA 38- NECESITAMOS UNA COBERTURA ESPIRITUAL   137

TEMA 39- VIENDO LO INVISIBLE EN LO VISIBLE   141

TEMA 40- EL PODER DE LA UNIDAD   145

TEMA 41- LLAMADOS   147

TEMA 42- ELSILENCIO DE DIOS   151

TEMA 43- VIVIENDO EN UNA ZONA DE COMBATE   153

TEMA 44- BATALLA MENTAL   157

TEMA 45- UN REFUGIO SEGURO   161

TEMA 46- DEJA TU CÁNTARO   165

TEMA 47- NO RECHACES LA AYUDA DE DIOS   169

TEMA 48- NO VIVAS EN EL PASADO   171

TEMA 49- UN AGRADECIMIENTO VISIBLE   175

TEMA 50- UNA BUENA PROGRAMACIÓN   179

TEMA 51- UN PRÍNCIPE VIVIENDO EN LA OSCURIDAD   183

TEMA 52- UNA BUENA OPORTUNIDAD   187

Tema 1

AMISTAD GENUINA

¿Cómo puedes describir a un verdadero amigo?

Se recomienda que el encargado lea de antemano el capítulo de Juan 11 completo.

El hogar de Lázaro Marta y María nos muestra lo que podemos hallar en una casa de avivamiento.

Versículo de apertura:

> *Juan 11:5*
> *Y amaba Jesús a Marta, a su hermana y a Lázaro.*

1. Una amistad sana

Encontrarás amistades que se convierten en familia, se preocupan por ti, quieren compartir lo que Dios ha hecho en sus vidas y en sus hogares; quieren trasmitirte su experiencia en Cristo Jesús.

> *Salmos 133:1*
> *¡Mirad cuán bueno y cuán delicioso es habitar los hermanos juntos en armonía!*

2. Un amor sincero

Una de las cosas que el sistema moderno nos enseña es que nadie te busca sin ningún interés, y hasta cierto punto tienen razón, pero el interés de las casas de avivamiento es que conozcas a Dios, que conozcas a aquel que dio la vida por cada uno de nosotros, al que te puede sacar de tus aflicciones.

> *Proverbios 17:17*
> *En todo tiempo ama el amigo, y es como un hermano en tiempo de angustia.*

3. Una carga por tu amigo

Los demás miembros de las casas de avivamiento se preocupan por ti y por tu familia, deseando que encuentres la solución a tu necesidad espiritual e incluso muchas veces a tus necesidades materiales, porque encuentras una familia en ellos.

Juan 11 nos enseña que Jesús amaba a sus amigos; al amar a tus amigos te preocupas por ellos. Cada vez que Jesús iba al hogar de Marta, María y Lázaro, ellos lo recibían con gozo. Con alegría abrían las puertas de su casa para que Jesús estuviera con ellos.

> *Juan 11:2*
> *María, cuyo hermano Lázaro estaba enfermo, fue la que ungió al Señor con perfume, y le enjugó los pies con sus cabellos.*

Un verdadero amigo es aquel que quiere lo mejor para ti, el que te quiere ver bien, progresando en la palabra de Dios y también en lo material.

3 Juan 1:2-4
Amado, yo deseo que tú seas prosperado en todas las cosas, y que tengas salud, así como prospera tu alma. Pues mucho me regocijé cuando vinieron los hermanos y dieron testimonio de tu verdad, de cómo andas en la verdad. No tengo yo mayor gozo que este, el oír que mis hijos andan en la verdad.

Te animamos a que busques un mejor futuro para ti, y eso lo puedes encontrar en una casa de avivamiento, así como Lázaro y sus hermanas lo encontraron.

• Punto de Reflexión / Preguntas

• Ofrenda / Anuncios / Peticiones

• Oración final

Notas:

_____

_____

_____

_____

Tema 2

NADA ES CASUALIDAD

¿Has llamado casualidad a algún suceso de tu vida?

La casualidad es algo que pasó en un momento determinado, pero el propósito es algo permanente que puedes entenderlo en un futuro. Muchas veces creemos más en la palabra casualidad, porque desconocemos que fuimos creados por Dios con un propósito.

> Lucas 23:26
> Y llevándole, tomaron a cierto Simón de Cirene, que venía del campo, y le pusieron encima la cruz para que la llevase tras Jesús.

Lo que para simón era un día normal, se convirtió en un día extraordinario; su vida cambio. Ya Dios tenía previsto este tiempo y era hora de cumplir Su propósito en la vida de Simón. A las cosas que no están en nuestros planes le llamamos casualidad. Aunque este hombre no llevó la cruz de Jesús por voluntad propia, al final fue una bendición para él.

Hay cosas o situaciones en la vida que no queremos soltar, llevar, o hacer. Según dice, a este hombre le obligaron prácticamente a cargar la cruz. No fue algo que él planeaba hacer. Hay situaciones que nos obligan muchas veces a acercarnos a Dios, tales como enfermedades, problemas económicos y problemas en el matrimonio, entre otras cosas.

Algunas veces estas situaciones son las que nos obligan a buscar de Dios. Muchos de nosotros llegamos a los pies del Señor debido a necesidades, y ahora nos damos cuenta de que esas situaciones, problemas o pruebas que Dios permite en nuestras vidas, son para cumplir Su propósito en nosotros. Si nos refugiamos en Dios en medio de los problemas, siempre veremos sus promesas cumplidas en nosotros.

> 2 Timoteo 1:9
> *Quien nos salvó y llamó con llamamiento santo, no conforme a nuestras obras, sino según el propósito suyo y la gracia que nos fue dada en Cristo Jesús antes de los tiempos de los siglos.*

Dios nos llamó y nos salvó no por lo bueno que somos o fuimos, sino por su misericordia y amor; sobre todo porque hemos sido creados con propósitos eternos, los cuales, a su hora y a su manera, los va cumplir en cada uno de sus hijos. Cuando entendemos esto, reconocemos que con Dios no existen las casualidades, solo propósitos.

- Punto de reflexión / Preguntas
- Ofrenda / Anuncios / Peticiones
- Oración final

Notas:

Tema 3
FE Y HONRA

¿Has honrado a alguien que hizo algo por ti?

Cuando le creemos a Dios y ponemos toda nuestra confianza en Él, comenzamos a perseverar hasta llegar a tener una relación de padre a hijo. Ejemplo de ello nos dejaron los profetas Elías y Eliseo (1 de Reyes 19:16 al 21).

Vemos en esta historia como Dios le dice al profeta Elías que Eliseo se quedará en lugar de él. La historia relata que Eliseo estaba trabajando un día normal cuando el profeta Elías echó su manto sobre él; en seguida vemos la reacción de Eliseo al corresponder a ese llamado. Respondió al llamado, pero no se fue sin antes honrar a sus padres y al pueblo.

Honra significa: Respeto, admiración.
1 Reyes 19:20-21
Entonces dejando él los bueyes, vino corriendo en pos de Elías, y dijo: Te ruego que me dejes besar a mi padre y a mi madre, y luego te seguiré. Y él le dijo: Ve, vuelve; ¿qué te he hecho yo? Y se volvió, y tomó un par de bueyes y los mató, y con el arado de los bueyes coció la carne, y la dio al pueblo para que comiesen. Después se levantó y fue tras Elías, y le servía.

Eliseo llegó a ser un gran profeta, creyó y obedeció el llamado que Dios le hizo a través de Elías, un tremendo profeta de Dios, un gran maestro para Eliseo. En la antigüedad cuando un profeta echaba su manto sobre alguien, era significado de adopción. Fue por eso que Eliseo obedeció, porque desde ese momento vio a Elías de una manera diferente, por lo que le dijo: déjame besar a mis padres.

Cuando tenemos una relación con Dios de padre a hijo, muchas veces vamos a hacer cosas que nuestros padres, familiares y amistades no entienden, pero creemos completamente (tenemos fe) que estamos haciendo lo correcto. Sabemos que lo estamos haciendo para agradar a Dios. Aquí cumplimos un mandamiento importante, primero es obedecer a Dios y después a los demás.

Dios mismo es el que nos muestra el lugar para adorarle, para honrarlo, donde nuestra fe crece; Él nos hace esa invitación, ese llamado, aunque previo a esto debemos creer.

Tenemos a un maestro que Dios usa para hablarnos como a Eliseo. Un pastor que tiene carga por nuestra alma, que intercede por nosotros, que nos enseña a tener esa relación de padre e hijo con Dios, para no dejarnos engañar por los deseos de este mundo.

Diez años anduvo el profeta Elías enseñando a Eliseo a cómo tener esa intimidad con Dios, obedecerlo y honrarlo siempre. Vemos que cuando el profeta Elías fue levantado al cielo por un torbellino, Eliseo gritaba: ¡Padre mío, padre mío!

1 Reyes 2:12
Viéndolo Eliseo, clamaba: ¡Padre mío, padre mío, carro de Israel y su gente de a caballo! Y nunca más le vio; y tomando sus vestidos, los rompió en dos partes.

Cuando reconocemos que hay personas que Dios ha usado para ayudarnos en nuestro crecimiento espiritual, que nos invitaron y que nos apoyaron en momentos difíciles, aprendemos a ser agradecidos y a honrarlos. Nuestro pastor y la iglesia son un medio que Dios ha usado para nosotros corresponder a ese llamado. Eliseo no sabía que Dios le había dicho al profeta Elías que él quedaría en su lugar.

Hay muchas cosas que Dios le muestra a Su profeta, a nuestro pastor, pero te aseguro que todo es para bien. De la misma manera que lo hizo Eliseo, debemos de obedecer, creyendo que Dios está haciendo algo grande con cada uno de nosotros.

El honrar y el ser fieles es algo que debe ser parte de nosotros. Esa es la clave para poder permanecer en Dios. Todavía Dios sigue haciendo ese llamado y está buscando elíseos que le crean, que tengan fe, dispuestos a seguirlo y a ganar almas para Su reino.

- Punto de Reflexión / Preguntas
- Ofrenda / Anuncios / Peticiones
- Oración final

Tema 4

MILAGROS

¿Te has preguntado alguna vez cual es el milagro más grande en la Biblia?

El agua convertida en vino es un evento sobrenatural que registra la Biblia como uno de los primeros milagros que Jesús realizó al iniciar su ministerio. Incluso, esto sucedió antes de que Jesús empezara a predicar y a sanar públicamente. En la Biblia la palabra milagro aparece setenta y siete veces, y han quedado registrados 36 milagros hechos por Jesús.

Un milagro es un suceso extraordinario y maravilloso que no se puede explicar por las leyes regulares de la naturaleza y se atribuye a la intervención de Dios.

> *Juan 21:25*
> *Y hay también otras muchas cosas que hizo Jesús, las cuales, si se escribieran una por una, pienso que ni aun en el mundo cabrían los libros que se habrían de escribir.*

Esto nos da a entender que Jesús realizó milagros que ni siquiera están escritos en la Biblia, y que fueron muchos. La Biblia relata milagros antes, durante y después del ministerio del Señor Jesús. Mientras Jesús recorría las ciudades, en donde encontraba un enfermo, le sanaba.

Un milagro es una señal, de que Jesús es Dios y una señal para aquellos que creen en el nombre de Jesús.

> *Marcos 16:17-18*
> *Y estas señales seguirán a los que creen: En mi nombre echarán fuera demonios; hablarán nuevas lenguas; tomarán en las manos serpientes, y si bebieren cosa mortífera, no les hará daño; sobre los enfermos pondrán sus manos, sanaran.*

Cualquier persona que cree en Jesús recibirá el milagro que necesita, pero para eso es necesario un elemento importante y ese elemento es la fe.

> *Hebreos 11:1 (BLS)*
> *Confiar en Dios es estar totalmente seguro de que uno va a recibir lo que espera. Es estar convencido de que algo existe, aun cuando no se pueda ver.*

Si no tenemos fe, será imposible recibir nuestro milagro, de hecho, en este mismo capítulo de hebreos, más adelante dice: *Sin fe es imposible agradar a Dios, porque es necesario que el que se acerca a Dios crea que Él existe.*

En la medida que nosotros le creemos a Dios por la capacidad y el poder que Él tiene para obrar un evento sobrenatural en nuestra vida, en esa medida se revelará o manifestará a nosotros. La fe es necesaria para que un milagro suceda: crea, confíe sin cuestionar y vera un milagro.

Hebreos 11:3
Por la fe entendemos haber sido constituido el universo por la palabra de Dios, de modo que lo que se ve fue hecho de lo que no se veía.

El hecho de que existan los cielos y la tierra se atribuye a un milagro, Dios habló y de la nada se creó el universo. Dios declaró que sería y fue. Nuestra fe está puesta en el Dios que creó el universo con Su palabra. La palabra de Dios tiene un poder impresionante.

El tiempo de los milagros no ha pasado, de hecho, nuestra misma vida es resultado de un milagro. El respirar es algo que hacemos de milagro. Podemos ir a dormir esta noche y creemos que vamos a despertar y eso es un milagro.

Hebreos 13:8
Jesucristo es el mismo ayer, hoy y siempre.

Si necesitas la intervención de Dios en alguna situación difícil de tu vida, Él tiene el poder y la autoridad. Dios tiene el poder para obrar allá donde el ser humano no puede obrar. Jesús sigue siendo milagroso; su poder no ha cambiado. Por eso pídele sin dudar, porque el mismo Dios que sanó a paralíticos, multiplicó panes y peces; sanó a cojos y ciegos; tiene el poder para hacer un milagro en tu vida, **SOLAMENTE CREE.**

- Punto de Reflexión / Preguntas
- Ofrenda / Anuncios / Peticiones
- Oración final

Tema 5
UN PROPÓSITO EN MI VIDA

Cuándo te enfrentas a un problema difícil en tu vida ¿te quejas, o lo ves como una oportunidad para glorificar a Dios?

Siria e Israel, dos pueblos que rara vez estuvieron en paz. Cuando David fue rey, Siria pagó impuestos o tributos a Israel, pero en los días del profeta Eliseo, Siria estaba creciendo en poder y sometió a Israel bajo su fuerza, tratando de frustrar al pueblo y traer confusión política. Los israelitas a veces eran llevados cautivos a Siria luego de las invasiones exitosas de los sirios. La sierva de Naamán (capitán del ejército sirio) era una israelita, secuestrada de su casa y de su familia.

Esa joven israelita, era cautiva del ejército sirio, pero detrás de todo eso, Dios tenía un propósito. Ella en vez de quejarse, encuentra una oportunidad para hablar del poder que Dios tiene para sanar. Al enterarse de que Naamán, su señor, padece de una lepra incurable, no pierde un minuto más, y le habla a su esposa.

2 Reyes 5:3
> *Ésta dijo a su señora: Si rogase mi señor al profeta que está en Samaria, él lo sanaría de su lepra.*

Con Dios no existen las casualidades, con Dios existen propósitos. Muchas personas corren o caminan por la suerte, haciendo apuestas, comprando loterías, consultando al tarot y unas cuantas cosas más, pero hay alguien que conoce nuestro pasado, presente y futuro y se llama Jesús.

Él sabía que hoy nos reuniríamos en esta casa y no por casualidad sino por un propósito. Aun cuando la joven israelita fue llevada cautiva en lo físico, espiritual y moralmente tenía una paz y libertad que venían de Dios, Naamán por otro lado estaba libre físicamente, pero estaba cautivo por una lepra que solo el Dios de Israel podía sanarle.

Por eso podemos decir con seguridad a cada amigo y hermano que hoy nos visita: Dios tiene un propósito para su vida y es para bien.

Naamán, el capitán del ejército sirio, recibió instrucciones de parte del criado de cierto profeta llamado Eliseo y se sintió indignado, pues él esperaba que lo recibiera el mismo profeta. Para su sorpresa no fue así, y peor aún, lo mandó a sumergirse en el rio Jordán que en aquel tiempo se consideraba no apto para bañarse.

Naamán estaba enojado puesto que, por ser un hombre importante de siria, esperaba un trato especial. No obstante, uno de sus soldaos le convenció de que hiciera lo que se le había indicado, lo cual era para su propio beneficio. Dios le sanó la lepra completamente. Del mismo modo que sucedió con Naamán, generalmente, el aceptar las instrucciones que Dios nos da, requiere obediencia y humildad.

2 Reyes 5:11-12

Naamán se enojó y se fue diciendo: «Yo pensé que el profeta saldría a recibirme, y que oraría a su Dios. Creí que pondría su mano sobre mi cuerpo y que así me sanaría de la lepra. ¡Los ríos Abaná y Farfar, que están en Damasco, son mejores que los de Israel! ¿No podría bañarme en ellos y sanarme?» Así que se fue de allí enojado.

Siendo Naamán un hombre importante, su ego y orgullo estaban por las alturas. Dios antes de tratar con lo que físicamente nos afecta, trabajar en nuestro corazón. Ir a sumergirse en el Jordán representaba obediencia y humillación.

El obedecer a Dios comienza con la humildad. Debemos creer que Su camino es mejor que el nuestro. Quizá no entendamos su manera de trabajar, pero al obedecerlo humildemente, Él cumplirá su propósito en nuestra vida.

Debemos recordar que los caminos de Dios son mejores; Dios quiere nuestra obediencia más que cualquier otra cosa; Él puede utilizar cualquier cosa para alcanzar sus propósitos. Muchas veces queremos que Dios trabaje a nuestra manera, sin embargo, en esto nos equivocamos, nunca sabremos como Dios trabaja, pero podemos estar seguros de que cada movimiento de Su mano será a nuestro favor.

- Punto de Reflexión / Preguntas
- Ofrenda / Anuncios / Peticiones
- Oración final

Tema 6

UN LUGAR PREPARADO

¿Cuál sería su lugar favorito para pasar unas merecidas vacaciones?

Cuando se trata de ir de vacaciones, siempre procuramos elegir el mejor lugar; muchas veces no importa el costo, lo que importa es tener una experiencia inolvidable. Nos aseguramos de preparar nuestro equipaje, comprar boletos, entradas y los artículos necesarios para el viaje. En el mundo hay lugares impresionantes que podemos visitar y vivir una experiencia agradable, pero ¿qué me diría usted si le dijera que la Biblia nos habla de un lugar que está preparado para el que cree y acepta a Jesús como su Señor?

Juan 14:1-3
No se turbe vuestro corazón; creéis en Dios, creed también en mí. En la casa de mi Padre muchas moradas hay; si así no fuera, yo os lo hubiera dicho; voy, pues, a preparar lugar para vosotros. Y si me fuere y os preparare lugar, vendré otra vez, y os tomaré a mí mismo, para que donde yo estoy, vosotros también estéis.

Vivimos en un mundo lleno de afanes, pero la promesa de Jesús es que Él tiene un lugar en el que podremos descansar nuestro corazón de los afanes y el trabajo de cada día. En este lugar estaremos para siempre con el Señor. La pregunta es: ¿Estás preparado para ese día? ¿Qué estás haciendo cada día para acercarte a ese lugar?

> *Apocalipsis. 21:4*
> *Enjugará Dios toda lágrima de los ojos de ellos; y ya no habrá muerte, ni habrá más llanto, ni clamor, ni dolor; porque las primeras cosas pasaron.*

El Señor ha prometido prepararnos un lugar donde disfrutar de Su eterna compañía. Finalmente, tenemos Su promesa de que volverá por nosotros. ¡Piensa en lo que esto significa! Su firma personal está en nuestra salvación; del mismo modo que nosotros le hemos recibido, Él viene a recibirnos a nosotros. Miramos hacia adelante, hacia el día esperado, preparándonos para ello, porque:

> *1 Juan 3:3*
> *Y todo aquel que tiene esta esperanza en él, se purifica a sí mismo.*

> *Hechos 1:10-11*
> *Y estando ellos con los ojos puestos en el cielo, entre tanto que él se iba, he aquí se pusieron junto a ellos dos varones con vestiduras blancas, los cuales también les dijeron: Varones galileos, ¿por qué estáis mirando al cielo? Este mismo Jesús, que ha sido tomado de vosotros al cielo, así vendrá como le habéis visto ir al cielo.*

Juan 14:2
En la casa de mi Padre muchas moradas hay; si así no fuera, yo os lo hubiera dicho; voy, pues, a preparar lugar para vosotros.

Él tiene un lugar preparado para nosotros, un lugar en donde morar.

Morada: literalmente quiere decir "lugar donde vivir". Una mejor traducción es "habitación", comunicando la idea de que en el cielo hay amplio espacio para todos los que se acercan a Jesús como su Salvador.

2 Corintios 5:1
Porque sabemos que si nuestra morada terrestre, este tabernáculo, se deshiciere, tenemos de Dios un edificio, una casa no hecha de manos, eterna, en los cielos.

El Señor ya tiene un lugar preparado para cada uno de nosotros. El asunto no es el lugar, sino la disposición de nuestro corazón para aceptar ese lugar. Nuestra morada aquí en la tierra es por un período de años y terminará. Sin embargo, podemos tener una morada eterna en la casa del Padre, pero debemos decidir mientras estamos vivos si queremos pasar la eternidad con Él o no.

Jesús dice: "Voy, pues, a preparar lugar para vosotros", y "vendré otra vez". Podemos aguardar con expectativa la vida eterna porque Jesús la ha prometido a todo aquel que cree en Él. Aunque los detalles específicos de la eternidad se desconozcan, no tenemos que temer porque Jesús está haciendo los preparativos y pasará la eternidad con Sus hijos.

- Punto de Reflexión / Preguntas
- Ofrenda / Anuncios / Peticiones
- Oración final

Notas:

_____

_____

_____

_____

_____

_____

_____

_____

_____

_____

Tema 7

EL CAMINO QUE ME CONDUCE HACIA LA SALVACIÓN

¿Cómo conoceremos el camino hacia Dios?

El GPS es uno de los inventos más valorados en los últimos tiempos. Se puede decir que, en los Estados Unidos, un alto porcentaje, por no decir todas las personas, lo utilizan por su confiabilidad y precisión o exactitud. Pero para poder usar un GPS necesitamos la dirección exacta hacia dónde vamos, para no perdernos.

En Génesis se nos enseña que Dios tenía comunicación directa con el hombre. Vivían en total armonía porque la comunicación fluía de manera natural con Su Creador. Pero esa vía de acceso se destruyó cuando el hombre desobedeció uno de los mandatos de Dios. A través del tiempo, Dios se manifestó en carne a través de Jesucristo para reestablecer esa vía de acceso entre Dios y el hombre.

Una vía de acceso es un camino. Conocer el camino correcto determina el objetivo al que se quiere llegar. Nuestro objetivo es la salvación y el camino es Jesús. Jesús afirmó que Él era el camino. Jesús dijo:

> Juan 14:6
> Yo soy el camino, y la verdad, y la vida; nadie viene al Padre, sino por mí.

Las palabras de Jesús muestran que el camino a la vida eterna, (a pesar de ser invisible), es seguro.

> Juan 14:11
> Creedme que yo soy en el Padre, y el Padre en mí; de otra manera, creedme por las mismas obras.

> Marcos 16:16
> El que creyere y fuere bautizado, será salvo; más el que no creyere, será condenado.

¿Cómo conocemos el camino hacia Dios?

Para algunos esta pregunta es tan difícil porque tienen la idea de un Dios lejano y distante, pero en realidad Dios está más cerca de lo que imaginamos y siempre su intención ha sido acercarnos hacia Él como nuestro Padre.

> Juan 14:5-6
> Le dijo Tomás: Señor, no sabemos a dónde; ¿cómo, pues, podemos saber el camino? Jesús le dijo: Yo soy el camino, y la verdad, y la vida; nadie viene al Padre, sino por mí.

Jesús no es un camino, Él es EL CAMINO. Resulta andar por un camino desconocido, pero hoy día tenemos libertad de conocer a Jesús, cuando nos convertimos, lo aceptamos, y lo recibimos como nuestro salvador personal, automáticamente empezamos a andar en ese camino seguro. Mientras perseveremos y estudiemos Su palabra más le conoceremos y seremos como Él.

- Punto de Reflexión / Preguntas
- Ofrenda / Anuncios / Peticiones
- Oración final

Notas:

_____

_____

_____

_____

_____

_____

_____

_____

Tema 8
LA INVITACIÓN A UNA BODA

¿Alguna vez invitaste a alguien a tu casa y esa persona, te llevó un regalo que no esperabas, pero toco tu corazón?

Juan 2:2-4
Y fueron también invitados a las bodas Jesús y sus discípulos. Y faltando el vino, la madre de Jesús le dijo: No tienen vino. Jesús le dijo: ¿Qué tienes conmigo, mujer? Aún no ha venido mi hora.

Al ser invitado a una casa a celebrar con los familiares un día tan importante, hoy en día por costumbre llevas un presente. María al ver la necesidad en ese momento, se acerca a Jesús sabiendo que Él podía hacer algo.

Jesús manda a llenar las tinajas de agua y las envía al maestresala. Si lo ponemos a este tiempo, Él, manda el presente que trajo para esa celebración, convirtiendo el agua en vino y no cualquier vino, sino el mejor.

Es importante prestar atención como la palabra de Dios nos muestra que Jesús fue invitado a ese hogar a celebrar con ellos. Al ver el milagro del agua hecha vino, según lo dice la Palabra, sus discípulos creyeron en Él.

Al nosotros invitar a Jesús a nuestro hogar, a nuestras fechas importantes, Él nos lleva un regalo hermoso a cada hogar. Probablemente no va a convertir el agua en vino como lo hizo en las bodas de Canaán, pero si puede hacer una sanidad en mi hogar, en mi familia, en mis amistades.

Así como dice la palabra de Dios que sus discípulos creyeron en Él por ver ese gran milagro, los que estén cerca de nosotros, van a creer en el Señor por nuestro testimonio, por ver las cosas tan grandes que Él ha hecho con nosotros. Pero es importante invitar a Jesús no solo a mi casa, también a mi vida.

> *Salmos 127:1-2*
> *Si Jehová no edificare la casa, en vano trabajan los que la edifican; si Jehová no guardare la ciudad, en vano vela la guardia. Por demás es que os levantéis de madrugada, y vayáis tarde a reposar, y que comáis pan de dolores; pues que a su amado dará Dios el sueño.*

Si crees que Jesús es importante en tu vida, hazle la invitación, él está dispuesto a ir, solo está esperando tu invitación.

> *Hechos 10:34-35*
> *Entonces Pedro, abriendo la boca, dijo: En verdad comprendo que Dios no hace acepción de personas, sino que en toda nación se agrada del que le teme y hace justicia.*

- Punto de Reflexión / Preguntas
- Ofrenda / Anuncios / Peticiones
- Oración final

Tema 9

EL PERDÓN

¿Cuándo fue la última vez que se peleó con su hermano o con un amigo cercano? ¿Cuánto tiempo tardaron en volverse a hablar?

Cuando alguien que apreciamos nos hace daño, tendremos dos caminos: Podemos aferrarnos a la ira y resentimiento, o perdonarlo y seguir adelante. Hemos escuchado decir la frase "cada cabeza es un mundo". Es verdad que no todas las personas pensamos iguales; siempre habrá diversidad de pensamientos y opiniones mientras nos desenvolvamos ya sea en la casa, en el trabajo o en la iglesia. Muchos ofendemos en palabras, opiniones o malentendidos, pero siempre existe el dialogo para aclarar la situación.

> *Génesis 33:4*
> *Pero Esaú corrió a su encuentro y le abrazó, y se echó sobre su cuello, y le besó; y lloraron.*

Aunque Esaú vendió su primogenitura a su hermano y eso causó la pérdida de todas bendiciones que le correspondían. Se consolaba con un día vengarse y hasta pensaba en darle muerte a su hermano. Pero, habiendo pasado mucho tiempo, esto cambió cuando uno de los dos decidió ponerle fin a ese problema. Jacob busca a su hermano Esaú y le pide perdón por esa traición y Esaú sencillamente decide perdonarle.

Efesios 4:26
Airaos, pero no pequéis; no se ponga el sol sobre vuestro enojo.

No dejes que el enojo dure para siempre por cosas que pueden resolverse conversando y haciendo uso de la razón y la conciencia. No dejes que la ira o el rencor te hagan no hablarle a tu hermano o amigo cercano por días, meses o quizá hasta años. Siempre busca el dialogo y el poder reconciliarse.

Cuando decidimos perdonar estamos logrando que en nuestro corazón no se anide el rencor. El perdón traerá descanso y liberación a nuestra mente y corazón. Por el contrario, el rencor te impedirá a disfrutar el presente porque estamos enfocados en la mala experiencia del pasado. De una vez por todas elijamos el perdón. En sí, el perdón es una decisión. Perdonar es dejar atrás los rencores y la amargura.

Puede que la cosa más difícil después de tener un conflicto o mal entendido con alguien sea el reconciliarse o perdonar a esa persona que nos ofendió, pero siempre será la mejor decisión.

Mateo 6:12
Y perdónanos nuestras deudas, como también nosotros perdonamos a nuestros deudores.

La Biblia nos amonesta en cuanto al perdón y dice si no queremos perdonar a los demás, tampoco Dios nos perdonará. Es fácil pedir a Dios su perdón, pero es difícil darlo a otros. Cuando pidamos a Dios que nos perdone, debemos preguntarnos: ¿He perdonado a las personas que me han herido o agraviado?

- Punto de Reflexión / Preguntas
- Ofrenda / Anuncios / Peticiones
- Oración final

Notas:

_____

_____

_____

_____

_____

_____

_____

_____

_____

Tema 10

EL DIABLO SIEMPRE SEPARA AL HIJO DEL PADRE

¿Alguna vez te has perdido? ¿Qué hiciste?

Se podría decir que casi es imposible perderse con el invento del GPS. ¿Pero qué pasa cuando no tienes señal o se te descarga el aparato? ¡Nos perdemos!

> Génesis 3:1
> Pero la serpiente era astuta, más que todos los animales del campo que Jehová Dios había hecho; la cual dijo a la mujer: ¿Conque Dios os ha dicho, No comáis de todo árbol del huerto?

Una de las armas principales que el diablo usa para alejarnos de Dios es la confusión. Cuando empezamos a dudar también empezamos a cuestionar todo lo que se nos ha dicho o, lo que creemos. En el momento en que le abrimos las puertas a la duda, la confianza que hay entre nosotros y Dios se fractura. Cuando no tenemos una completa confianza en Dios nos empezamos a alejar y a tomar decisiones por nuestra propia cuenta para satisfacer al yo (deseos personales).

¿Cómo es que el diablo siembra confusión en nosotros? Por medio de mentiras y engaños o haciendo que algo malo parezca bueno. Ejemplo de ello: Una promoción en tu trabajo que te impida dedicarle tiempo a Dios. Amistades que te influyan a hacer lo malo.

> *Lucas 15:13-14*
> *No muchos días después, juntándolo todo el hijo menor, se fue lejos a una provincia apartada; y allí desperdició sus bienes viviendo perdidamente. Y cuando todo lo hubo malgastado, vino una gran hambre en aquella provincia, y comenzó a faltarle.*

El hijo menor creyó en la mentira de que al momento de recibir sus bienes ya no iba a necesitar de su padre. Muchas veces al recibir lo que pedimos de parte de Dios (trabajo, sanidad, prosperidad) creemos que ya no necesitamos nada más y nos alejamos de Dios (dejamos de congregarnos en la iglesia o de asistir a las casas).

El hijo menor creyó en la mentira de que iba a estar mejor lejos de la casa de su padre. Cuando estamos lejos de Dios, estamos más expuestos a los ataques del diablo. Es más fácil que cedamos a la tentación y a los placeres que este mundo nos ofrece. Comenzamos a desperdiciar todo lo que Dios nos había entregado y llega la escasez nuevamente, dejándonos vacíos por dentro.

> *Lucas 15:17*
> *Y volviendo en sí, dijo: ¡Cuántos jornaleros en casa de mi padre tienen abundancia de pan, y yo aquí perezco de hambre?*

El hijo pródigo en esa provincia apartada tal vez aparentaba felicidad y libertad a los demás haciendo con sus bienes como a él le placía. Lo que no se podía ver era que en realidad era un esclavo de este mundo y aunque sabía su regreso a la casa de su padre estaba perdido en los placeres de este mundo que al final lo dejaron sin nada.

Al final de esta parábola podemos ver que él, reconoció que los que estaban todavía en la casa de su padre estaba mucho mejor.

> *Lucas 15:18-19*
> *Me levantaré e iré a mi padre, y le diré: Padre, he pecado contra el cielo y contra ti. Ya no soy digno de ser llamado tu hijo; hazme como a uno de tus jornaleros.*

Tendremos que tomar decisiones en nuestra vida que nos van a acercar o alejar más de Dios. En esos momentos tenemos que recordar que no importando que tan difícil sea servir a nuestro Padre, siempre vamos a estar mejor con Él. El diablo intenta disfrazar los placeres de este mundo, pero al final siempre nos van a dejar vacíos. Lo que el mundo nos ofrece es temporal pero lo que Dios nos ofrece es eterno.

- Punto de Reflexión / Preguntas
- Ofrenda / Anuncios / Peticiones
- Oración final

Tema 11

LA PROVISIÓN DE DIOS

¿Quién provee para los tuyos en casa?

Génesis 22:8
Y respondió Abraham: Dios se proveerá de cordero para el
holocausto, hijo mío. E iban juntos.

Todos en algún momento nos vamos a encontrar en un tiempo de necesidad. Es inevitable. Puede ser una necesidad en lo económico, en nuestra salud, o emocional. Por ejemplo, un trabajo perdido, una enfermedad terminal, o una separación de tu familia. Quizá te sientas como que no hay solución a tu situación, pero hay que recordar que Dios proveerá siempre lo que necesitas a su tiempo perfecto.

En cualquier área de nuestras vidas es muy difícil perder el control. Queremos saber el cómo y cuándo, tratando de saber lo más que podemos acerca de nuestro futuro. Al buscar nuestra propia solución solo nos afecta más creando ansiedad y presión innecesaria. En cambio, si decidimos entregarle el control a Dios y poner nuestra confianza en El no importando que tan difícil sea la situación, vamos a vivir en paz y sin temor al futuro.

Génesis 22:2
Y dijo: Toma ahora tu hijo, tu único, Isaac, a quien amas, y vete a tierra de Moriah, y ofrécelo allí en holocausto sobre uno de los montes que yo te diré.

Dios le pidió a Abraham lo que más amaba, a su hijo. Tenemos que entender que cuando decidimos confiar en Dios también estamos decidiendo confiar en Su voluntad.

Génesis 22:12-13
Y dijo: No extiendas tu mano sobre el muchacho, ni le hagas nada; porque ya conozco que temes a Dios, por cuanto no me rehusaste tu hijo, tu único. "Entonces alzó Abraham sus ojos y miró, y he aquí a sus espaldas un carnero trabado en un zarzal por sus cuernos; y fue Abraham y tomó el carnero, y lo ofreció en holocausto en lugar de su hijo.

Abraham se levantó de mañana a preparar su asno y a cortar su leña. Al llegar a Moriah empezó a reunir sus materiales (la leña, el fuego, y el cuchillo) y empezaron a caminar juntos hacia el lugar donde iba a sacrificar a su hijo. Edificó el altar, compuso la leña, y puso a Isaac sobre la leña. Cuando ya todo estaba listo extendió su mano y tomó el cuchillo para degollar a su hijo; todo esto pasó antes de que Dios le proveyera lo que el necesitaba.

Dios va a proveer lo que necesitamos, no lo que queramos, y lo va a hacer en su tiempo perfecto, ya sea al instante o puede ser que demore un poco más.

Hebreos 6:12
A fin de que no os hagáis perezosos, sino imitadores de aquellos que por la fe y la paciencia heredan las promesas.

Cuando el desánimo entra perdemos el deseo de continuar y empezamos a hacer todo perezosamente. Para alcanzar las promesas de Dios tenemos que pagar un precio (obediencia) siendo imitadores de aquellos que tuvieron fe, como Abraham. La clave para alcanzar las promesas de Dios es la fe y la paciencia como lo hizo Abraham.

Génesis 22:14
Y llamó Abraham el nombre de aquel lugar, Jehová proveerá. Por tanto, se dice hoy: En el monte de Jehová será provisto.

Abraham pudo haber decidido enfocarse en lo negativo (en lo difícil y dolorosa que fue esta prueba) y cuestionar a Dios. Pero decidió enfocarse en lo positivo de que a pesar de todo el proceso por el que tuvo que pasar, Dios mantuvo su promesa proveyéndole un cordero para ofrecer en lugar de su hijo.

- Punto de Reflexión / Preguntas
- Ofrenda / Anuncios / Peticiones
- Oración final

Tema 12

VISITAR Y MORAR

¿Alguna vez has recibido algo que no esperabas?

2 Reyes 4:13
Dijo él entonces a Giezi: Dile: He aquí tú has estado solícita por nosotros con todo este esmero; ¿qué quieres que haga por ti? ¿Necesitas que hable por ti al rey, o al general del ejército? Y ella respondió: Yo habito en medio de mi pueblo.

La Biblia nos dice que la sunamita era una mujer importante que habitaba en medio de su pueblo. Quizás ella y su esposo ocupaban una posición alta en la sociedad y estaban bien en lo económico, pero aun así tenían una necesidad que solamente Dios podía suplir. Por lo general cuando se quiere algo se tiene que preguntar por ello. Pero en el caso de la sunamita Eliseo le preguntó a ella que quería y todo fue porque ella le abrió las puertas de su casa.

La historia dice que cuando el profeta Elíseo pasaba por Sunem había una mujer samaritana que le insistía que pasara a su a casa a comer. Eliseo comenzó a visitar a esa familia, hasta que un día la sunamita le dice a su marido:

> 2 Reyes 4:9
> … He aquí ahora, yo entiendo que este que siempre pasa por nuestra casa, es varón santo de Dios

Con este versículo podemos ver que la sunamita tuvo dudas y miedo de Elíseo en las primeras visitas. Estos sentimientos eran válidos y normales porque quizás solo habían escuchado del profeta Elíseo, pero en realidad no lo conocían; todavía no había confianza. Es como si estuvieran dejando entrar a un conocido de alguien más al lugar más íntimo de ellos (su casa).

Pero algo que nosotros podemos aprender de ella, es que, aunque tuvo dudas y temor decidió darle una oportunidad a Eliseo de entrar en su casa a comer y terminó siendo la mejor decisión que pudo haber tomado.

> 2 Reyes 4:10
> Yo te ruego que hagamos un pequeño aposento de paredes, y pongamos allí cama, mesa, silla y candelero, para que cuando él viniere a nosotros, se quede en él.

Desde el momento que ella entendió y conoció quien era Eliseo, quiso más. Dio un paso extra y preparó su casa para que él se quedara en ella. Ya no solamente quería visitas si no que él morara en su casa. De igual manera Dios no solo quiere visitarnos de vez en cuando, sino que quiere morar en nosotros. Anhela tener una relación íntima y continua con nosotros. Después de abrirle las puertas de nuestro corazón hay que preparar nuestro corazón para que el Señor ocupe su lugar. Por ejemplo, preparamos nuestro corazón para el Señor entre y sane heridas emocionales.

> *2 Reyes 4: 14-17*
> *Y él dijo: ¿Qué, pues, haremos por ella? Y Giezi respondió: He aquí que ella no tiene hijo, y su marido es viejo. Dijo entonces: Llámala. Y él la llamó, y ella se paró a la puerta. Y él le dijo: El año que viene, por este tiempo, abrazarás un hijo. Y ella dijo: No, señor mío, varón de Dios, no hagas burla de tu sierva. Más la mujer concibió, y dio a luz un hijo el año siguiente, en el tiempo que Eliseo le había dicho.*

La mujer sunamita no tuvo necesidad de pedirle a Elíseo por su necesidad. ¿Por qué? Ella no se enfocó en su necesidad, sino que se enfocó "se esmeró" fue "solicita" con Elíseo y recibió su milagro (un hijo). Solicita significa que pone atención, tiene que ver con diligencia y amabilidad al atender o servir a alguien. Al ella dejar entrar al Elíseo y a su criado a su casa ellos pudieron ver íntimamente su condición y lo que ella necesitaba. Si nosotros dejamos que Dios more en nosotros y nos enfocamos en servirle y agradarle, Él va a cuidar de nosotros y a suplir nuestras necesidades conforme a Su voluntad.

> *Apocalipsis 3:20*
> *He aquí, yo estoy a la puerta y llamo; si alguno oye mi voz y abre la puerta, entraré a él, y cenaré con él, y él conmigo.*

- Punto de Reflexión / Preguntas
- Ofrenda / Anuncios / Peticiones
- Oración final

Tema 13

LOS HIJOS HEREDAN

¿Has recibido algo de mucho valor (económico o sentimental) de parte de alguien? ¿Cómo te sentiste al recibirlo?

Lucas 15:31
Él entonces le dijo: Hijo, tú siempre estás conmigo, y todas mis cosas son tuyas

Quizás uno de los mejores ejemplos es un anillo de compromiso. Podemos ver dos diferentes perspectivas, la del esposo que obtuvo ese anillo a base de trabajo y sacrificio y la de la esposa que recibe ese anillo con tanta alegría y agradecimiento cuidando de que nunca se le pierda.

En la historia bíblica del hijo pródigo podemos ver el contraste entre dos hermanos que recibieron la herencia de su padre. El hijo menor (el hijo pródigo) quien se fue lejos de casa a desperdiciar sus bienes y el hijo mayor quien permaneció con su padre sirviéndole.

Características del hijo menor:

El hijo menor no era fiel. Cuanto recibió lo que pidió o lo que anhelaba, sin pensarlo, se fue de la casa de su padre. El padre de estos hermanos tuvo que haber trabajado y sacrificado mucho para poder dejarles una herencia. Podemos ver que el hijo menor no supo valorar o agradecer lo que obtuvo.

El hijo menor pidió su herencia. Mientras él siguiera en la casa de su padre tenía que disponer de los bienes conforme a la voluntad de su padre. En otras palabras, tenía que ser obediente y sumiso. Podemos ver que el hijo menor huyó de lo que requería trabajo y escogió la salida más fácil que fue pedir su herencia e irse.

El hijo menor decidió desperdiciar (perder) su herencia en cosas temporales: dice la Biblia en la versión NVI que estuvo "viviendo desenfrenadamente" sin moderación o límites, en todo lo que él pensó que lo iba a hacer feliz. Sin embargo, su elección fue peor, puesto que terminó quedándose sin nada, hasta el punto de que llegó a desear la comida de los cerdos, pero ni eso le querían dar.

Características del hijo mayor:

El hijo mayor era fiel a su padre: aunque él también obtuvo su herencia, decidió permanecer en la casa de su padre. El hijo mayor era trabajador y servidor: dice la Biblia que por años le había servido y nunca desobedeció a su padre. Cuando el padre le hizo fiesta al hijo menor porque había regresado a casa, el hijo mayor venía del campo y quizás de hacer sus labores.

El hijo mayor invirtió su tiempo trabajando en la casa de su padre multiplicando lo que había obtenido—aunque quizá no era fácil siempre estar en la casa de su padre, sabía que pertenecía ahí y que no iba a estar mejor en otro lado. Él no desperdició su herencia, sino que ganó mucho más. Podemos ver esto cuando el padre le dice: "todas mis cosas son tuyas"

Hay un dicho en inglés que traducido es: "Si el pasto se mira más verde del otro lado te puedo asegurar que la factura de luz es más alta". Lo que el mundo nos ofrece puede parecer agradable a los ojos naturales, pero en realidad viene con un precio muy alto. Perdemos nuestra herencia a cambio de cosas temporales que solo nos satisfacen por un momento y después nos dejan totalmente vacíos.

Como hijos, tenemos acceso a una herencia eterna de parte de nuestro padre celestial. La salvación.

Mateo 6:19-20
No os hagáis tesoros en la tierra, donde la polilla y el orín corrompen, y donde ladrones minan y hurtan; sino haceos tesoros en el cielo, donde ni la polilla ni el orín corrompen, y donde ladrones no minan ni hurtan.

- Punto de Reflexión / Preguntas
- Ofrenda / Anuncios / Peticiones
- Oración final

Tema 14

¿POR QUÉ ESTOY AQUÍ?

¿En algún momento de tu vida, has estado en un lugar o situación en donde te preguntas, como terminaste allí?

Hay momentos en la vida en los que vamos a estar en situaciones que nos haremos preguntas. ¿Cómo terminamos aquí? Ya sea que tuviste que abandonar tu país con rumbo hacia un lugar desconocido, o quizá dijiste algo o tomaste una decisión que no la pensaste lo suficiente antes de tomarla.

> Hechos 17:27
> Para que busquen a Dios, si en alguna manera, palpando, puedan hallarle, aunque ciertamente no está lejos de cada uno de nosotros.

Dios nunca se alejará de nosotros. Él siempre se mantiene atento a cualquier situación en la que estemos, solo espera a que nosotros le busquemos y pidamos su ayuda.

Hay una historia en la Biblia en la que podemos ver como una persona puede llegar a ser tan afectada cuando toma una decisión incorrecta o cuando dice algo que no debió haber dicho.

Podemos analizar la vida del Apóstol Pedro en la negación de Jesús. Aunque el Señor ya le había advertido diciendo que lo iba a negar, Pedro le afirmaba que él estaba dispuesto a ir aún hasta la muerte con él.

Lucas 22: 60-62
Y Pedro dijo: Hombre, no sé lo que dices. Y en seguida, mientras él todavía hablaba, el gallo cantó. Entonces, vuelto el Señor, miró a Pedro; y Pedro se acordó de la palabra del Señor, que le había dicho: Antes que el gallo cante, me negarás tres veces. Y Pedro, saliendo, lloró amargamente.

Primero Pedro negó ser uno de los discípulos del Señor y también negó conocer al Maestro. Esto le llevó a la contradicción más grande de su vida, no solo negó a su Maestro, pero también negó su propia vida aun cuando ya había sido advertido de esto. Esta fue una de las decisiones que más marcaron la vida de Pedro y que lo llevaron a preguntarse ¿Cómo llegue hasta aquí?

Se sentía miserable, sin valor y acabado por lo que había hecho. Pedro no hizo esto por falta de amor a Jesús porque podemos ver en la historia que él fue hasta donde estaba Jesús y se quedó allí por amor. Pero su debilidad y presunción lo llevó a equivocarse de esa manera. Sin embargo, el Señor nunca lo abandonó. Jesús miro a Pedro, no para condenarlo, sino como cuando un padre mira a su hijo y sabe que su hijo va a necesitar apoyo porque se equivocó en algo. Así fue que Jesús miró a Pedro. Tiempo después podemos ver a un Pedro restaurado siendo uno de los pilares más importantes en la iglesia.

En la vida podemos equivocarnos muchas veces y aun lastimar a quienes más amamos. Pero mientras haya vida y estemos dispuestos a arrepentirnos el Señor nos ayudara. Así Él lo ha prometido. Él está interesado en ayudarnos, pues siempre está cerca de nosotros esperando a que le llamemos y le pidamos ayuda.

> *Salmos 34:7-8*
> *El ángel de Jehová acampa alrededor de los que le temen, Y los defiende. Gustad, y ved que es bueno Jehová; Dichoso el hombre que confía en Él.*

- Punto de Reflexión / Preguntas
- Ofrenda / Anuncios / Peticiones
- Oración final

Notas:

_____

_____

_____

_____

_____

_____

Tema 15

DATE PRISA

Cuando alguien te dice date prisa, ¿Por qué crees que lo dice?

Se recomienda al encargado leer de antemano Lucas 19:1-10.

Lucas 19:5
Cuando Jesús llegó a aquel lugar, mirando hacia arriba, le vio, y le dijo: Zaqueo, date prisa, desciende, porque hoy es necesario que pose yo en tu casa.

Vivimos en un sistema en donde se requiere que hagamos todo rápido. Trabajo, compras, incluso salir a pasear con la familia. Todo lo hacemos rápido, porque ya tenemos algo que también pensamos que es importante por hacer.

Decidimos apresurarnos para poder cumplir con todos nuestros compromisos, no importándonos que descuidamos cosas importantes. Cada día seguimos la misma rutina.

Con Dios las cosas son diferentes. Él nos pide que nos demos prisa en hacer las cosas que nos pide, pero quiere que haya paz en nuestras vidas. Nuestro señor Jesucristo le dice a Zaqueo date prisa (apresúrate) es necesario que pose yo en tu casa. La palabra posar significa morar, descansar, asentarse o reposar.

A todos Dios nos está diciendo: Date prisa, porque me urge morar en tu casa, quiero hacer un cambio en tu vida.

Lucas 19:6
Entonces él descendió aprisa, y le recibió gozoso.

Probablemente nosotros pensemos que somos muy pequeños (poca cosa), para que alguien tan grande como Jesús, pose en nuestra casa. Pero Zaqueo además de su estatura, era un pecador; se dedicó por mucho tiempo a robar, por eso cuando Jesús visitó su casa, él dijo que devolvería hasta cuatro veces lo que había robado.

¿Qué te gustaría que Jesús cambie en tu casa, así como lo hizo con Zaqueo?

El recibir gozosos a Dios en nuestra casa, no solo produce cambios, también trae la salvación a nuestros hogares, a nuestros hijos, a todos lo que están en casa.

Jesús le dijo: Hoy ha venido la salvación a esta casa; por cuanto él también es hijo de Abraham. Porque el Hijo del Hombre vino a buscar y a salvar lo que se había perdido.

La casa de Zaqueo nos muestra la importancia de recibir gozosos a nuestro señor Jesucristo.

Apocalipsis 3:20
He aquí, yo estoy a la puerta y llamo; si alguno oye mi voz y abre la puerta, entraré a él, y cenaré con él, y él conmigo.

Imaginémonos una cena con Dios, ¿acerca de qué platicaríamos con Él? ¿Qué le pediríamos? ¿qué cambios nos gustaría que Dios hiciera en nuestra casa? Son muchísimas las cosas que nos vienen a la mente.

- Punto de Reflexión / Preguntas
- Ofrenda / Anuncios / Peticiones
- Oración final

Notas:

_____

_____

_____

_____

_____

_____

_____

_____

Tema 16

LA ESCLAVITUD
Y
EL AGRADECIMIENTO

En tu niñez, ¿alguna vez jugaste al policía y el ladrón?

La esclavitud no es algo que sucedió solamente en el pasado. Hoy en día podemos ver que se presenta de diferentes formas. El trato de personas, el reclutamiento de niños para la guerra, el trabajo infantil, la servidumbre por deudas y uno de los mayores factores es el exceso de trabajo de una persona.

Éxodo 1:13-14

Y los egipcios hicieron servir a los hijos de Israel con dureza, y amargaron su vida con dura servidumbre, en hacer barro y ladrillo, y en toda labor del campo y en todo su servicio, al cual los obligaban con rigor.

La historia dice que José había muerto. Entonces se levantó un Faraón el cual no tenía conocimiento del Dios a quien en un momento se adoró en ese lugar y como consecuencia de esto el pueblo del Señor cae en la esclavitud. Cuando un pueblo se aparta de Dios se hace esclavo del mundo.

El hombre sin Dios vive una vida en constante esclavitud. El mismo sistema de este mundo nos hace caer inconscientemente en un estado de esclavitud. ¿Cómo? Hoy en día vivimos en un mundo donde estamos llenos de actividades. Celebramos cumpleaños, baby showers, matrimonios y una infinidad de cosas con las que llenamos nuestras agendas, apartando casi la mayoría de nuestro tiempo para todas estas cosas que de cierta forma son importantes. Sin embargo, dejamos lo necesario a un lado y ese es el tiempo que le dedicamos a Dios.

> *Lucas 17:26-27*
> *Como fue en los días de Noé, así también será en los días del Hijo del Hombre. comían, bebían, se casaban y se daban en casamiento, hasta el día en que entró Noé en el arca, y vino el diluvio y los destruyó a todos.*

Solo hay una forma en la que podemos ser verdaderamente libres y esa forma se llama Jesús de Nazaret. Si nos decidimos por Él como está escrito en Su palabra, seremos verdaderamente libres (Juan 8:36).

Cuando alcanzamos la libertad en Cristo Jesús, el agradecimiento es algo que se da a reflejar en nuestro carácter. Ya no nos quejamos por las adversidades ni por cualquier problema, sino que lo primero que sale de nosotros ante cualquier situación son palabras de acción de gracias.

La Biblia dice que hemos recibido la adopción de hijos por lo cual ya no vivimos más en la esclavitud. Ahora vivimos una vida plena en el Señor. Su Espíritu está en nosotros, por eso celebramos día a día que Dios nos ha hecho libres y no solamente libres sino también herederos de Dios por medio de Cristo.

Gálatas 4:7
Así que ya no eres esclavo, sino hijo; y si hijo, también heredero de Dios por medio de Cristo.

Cuando reconocemos nuestra condición, comienza el proceso de liberación. Una vez somos liberados, tal como lo hizo María la hermana de Moisés, tomaremos nuestro pandero y cantaremos alabanzas al Señor.

Éxodo 15:20-21
Y María la profetisa, hermana de Aarón, tomó un pandero en su mano, y todas las mujeres salieron en pos de ella con panderos y danzas. Y María les respondía: Cantad a Jehová, porque en extremo se ha engrandecido; Ha echado en el mar al caballo y al jinete.

- Punto de Reflexión / Preguntas
- Ofrenda / Anuncios / Peticiones
- Oración final

Notas:

_____

_____

_____

Tema 17
UNA VISITA DEL ÁNGEL DEL SEÑOR A MI CASA

¿Alguna vez has recibido una visita sorpresa de algún familiar o amigo? ¿Cuál fue tu reacción?

En el Antiguo Testamento vemos con frecuencia la visita del ángel del Señor a diferentes personajes. Esa visita tan inesperada que hacía cambiar la historia del pueblo de Israel. ¡Qué bueno sería que en algún momento de nuestras vidas podamos recibir esa hermosa visita del mismo Dios y así poder revolucionar nuestra manera de vivir!

> *Jueces 13:2-3*
>
> *Y había un hombre de Zora, de la tribu de Dan, el cual se llamaba Manoa; y su mujer era estéril, y nunca había tenido hijos. A esta mujer apareció el ángel de Jehová, y le dijo: He aquí que tú eres estéril, y nunca has tenido hijos; pero concebirás y darás a luz un hijo.*

La historia dice que el pueblo de Israel estaba siendo oprimido por los filisteos desde hacía ya cuarenta largos años; todo a causa de que habían vuelto a hacer lo malo ante los ojos de Jehová. Debido al pecado y la rebelión, la única forma en que Dios podía llamar su atención era permitiendo que fuesen oprimidos por los filisteos. Tenemos que entender que, así como en aquellos tiempos, hoy en día no podemos hacer nada separados de Dios. Si estamos fuera de la voluntad de Dios vamos a vivir en constante opresión y esclavitud a las cosas de este mundo. Dios en su infinita misericordia no quiere que nadie en este mundo perezca, sino que todos prosigamos al arrepentimiento.

2 Pedro 3:9
El Señor no retarda su promesa, según algunos la tienen por tardanza, sino que es paciente para con nosotros, no queriendo que ninguno perezca, sino que todos procedan al arrepentimiento.

En aquel tiempo el Señor se apareció a la mujer de Manoa para darle una alentadora noticia, ya que ella era estéril y nunca había tenido hijos. ¡Que dicha la de aquella mujer, el que Dios le concediera quizá el deseo más grande de su corazón! Esta bendición de concebir un hijo no solo iba a alegrar su corazón, sino que también el de todo un pueblo porque iba a servir para comenzar la liberación del pueblo escogido de Dios.

Jueces 13:5
Pues he aquí que concebirás y darás a luz un hijo; y navaja no pasará sobre su cabeza, porque el niño será nazareo a Dios desde su nacimiento, y él comenzará a salvar a Israel de mano de los filisteos.

Jueces 13:8
Entonces oró Manoa a Jehová, y dijo: Ah, Señor mío, yo te
ruego que aquel varón de Dios que enviaste vuelva ahora a
venir a nosotros.

El anhelo de nuestra alma debe de ser el mismo que el de Manoa.
Cuando su mujer le comentó que ella había tenido una experiencia
con el ángel del Señor, de la misma manera, él quería tener es
experiencia con Dios.

Jueces 13:22
Y dijo Manoa a su mujer: Ciertamente moriremos, porque
a Dios hemos visto.

La mujer de Manoa era una fuente de ánimo para su fe. Ella no
criticó a Manoa cuando él pensó que iban a morir por haber visto
al mismo Dios; en ningún momento pensó mal de su marido.
Nosotros nunca podemos fortalecer la fe de alguien más por
medio de la crítica. Debemos de hacer lo que hizo la mujer de
Manoa, animarlos y edificar su fe.

Mientras más busquemos al Señor y nos sometamos a su
perfecta voluntad, más se manifestará a nosotros, a tal grado
que los milagros en nuestras vidas los miraremos como algo
normal. Lo que para otros fuese algo extraño y sobrenatural para
nosotros sería algo de nuestro diario vivir, como un verdadero
hijo de Dios.

Juece2 13:19:20

Y Manoa tomó un cabrito y una ofrenda, y los ofreció sobre una peña a Jehová; y el ángel hizo milagro ante los ojos de Manoa y de su mujer. Porque aconteció que cuando la llama subía del altar hacia el cielo, el ángel de Jehová subió en la llama del altar ante los ojos de Manoa y de su mujer, los cuales se postraron en tierra.

Cuando tenemos un encuentro con el Señor, Él nos va a descubrir y nos va a revelar cuál es nuestra condición.

Una vez sepamos cual es nuestra condición debemos de estar preparados para seguir las indicaciones dadas por Dios. De esa manera, obtendremos lo que Dios tiene para nosotros.

- Punto de Reflexión / Preguntas
- Ofrenda / Anuncios / Peticiones
- Oración final

Notas:

_____

_____

_____

_____

_____

Tema 18
VALLES O DESIERTOS

¿Alguna vez has solicitado algo y cuando lo recibiste no fue lo que esperabas?

Un desierto se considera comúnmente como un entorno estéril, seco y deshabitado. En contraste, un valle se caracteriza por la presencia constante de ríos, vegetación y condiciones más propicias para la vida.

> *Génesis 13:8-9*
> *Entonces Abram dijo a Lot: No haya ahora altercado entre nosotros dos, entre mis pastores y los tuyos, porque somos hermanos. ¿No está toda la tierra delante de ti? Yo te ruego que te apartes de mí. Si fueres a la mano izquierda, yo iré a la derecha; y si tú a la derecha, yo iré a la izquierda.*

Nuestra vida consiste en una serie de decisiones que enfrentamos a diario. Podemos optar por lo que consideramos mejor, incluso pasando por alto las necesidades de los demás. Este tipo de elecciones, como las evidenció Lot, inevitablemente generan problemas. Cuando no decidimos conforme a la voluntad de Dios, nos encaminamos en la dirección equivocada. A pesar de la promesa divina que Dios le había hecho a Abraham, Lot decide separarse de él, abandonando así la cobertura protectora que Dios le brindaba.

En ocasiones, lo que para nosotros parece un valle frondoso y próspero puede transformarse en un desierto seco y árido, como fue el caso de Lot. Aunque estaba bendecido al habitar con su tío Abraham, un hombre que contaba con el favor de Dios, la confianza excesiva en sus posesiones lo llevó por un camino equivocado. Lot, al creer que sus riquezas eran suficientes y pensar que no tenía que tomar en cuenta a Dios en el momento de tomar decisiones, optó por dirigirse hacia Sodoma. Aunque esta ciudad parecía próspera y rica, estaba sumida en el pecado y la maldad.

> *Ezequiel 16:49*
> *He aquí que esta fue la maldad de Sodoma tu hermana: soberbia, saciedad de pan, y abundancia de ociosidad tuvieron ella y sus hijas; y no fortaleció la mano del afligido y del menesteroso.*

Mientras Lot se encontraba en Sodoma, experimentó una serie de eventos inesperados. Fue capturado en medio de un conflicto entre Sodoma y Gomorra con otras naciones, resultando en la pérdida total de sus posesiones.

> *Génesis 14:12*
> *Tomaron también a Lot, hijo del hermano de Abram, que moraba en Sodoma, y sus bienes, y se fueron.*

Lot perdió su casa y las escasas pertenencias que le quedaban debido a la destrucción de Sodoma y Gomorra.

Génesis 19:15
Y al rayar el alba, los ángeles daban prisa a Lot, diciendo:
Levántate, toma tu mujer, y tus dos hijas que se hallan aquí,
para que no perezcas en el castigo de la ciudad.

Lot perdió a su esposa porque ella miró hacia atrás mientras
salían de la ciudad.

Génesis 19:26
Entonces la mujer de Lot miró atrás, a espaldas de él,
y se volvió estatua de sal.

Así concluyó la historia de Lot. Lo que en un principio parecía un
valle lleno de bendiciones y prosperidad terminó convirtiéndose
en un valle de perdición y destrucción para su vida, simplemente
porque no tomó en cuenta a Dios en sus decisiones. En contraste,
observamos a Abraham, quien aprendió a confiar en Dios,
basando sus decisiones en la fe en lugar de depender únicamente
de sus propios pensamientos. Abraham se mantuvo separado de
las naciones circundantes, y como resultado, Dios lo bendijo
abundantemente. Hoy en día, Abraham es reconocido como el
padre de la fe y como amigo de Dios. Aquel desierto se transformó
en un próspero valle y una nación colmada de bendiciones gracias
a la obra de Dios.

Génesis 13:14-15
Y Jehová dijo a Abram, después que Lot se apartó de él:
Alza ahora tus ojos, y mira desde el lugar donde estás hacia
el norte y el sur, y al oriente y al occidente. Porque toda la
tierra que ves, la daré a ti y a tu descendencia para
siempre.

Debemos considerar las vidas de estos dos hombres. Lot tomó decisiones sin consultar a Dios previamente, lo cual resultó en su peor fracaso. En contraste, Abraham fue bendecido de manera especial porque confió en Dios y siguió todas las instrucciones que el Señor le dio. Debemos aprender que Dios es el dador de la vida y que puede realizar cosas mejores de las que planeamos. Solo necesitamos aprender a confiar en Él.

- Punto de Reflexión / Preguntas
- Ofrenda / Anuncios / Peticiones
- Oración final

Notas:

_____

_____

_____

_____

_____

_____

_____

Tema 19
EL DESOBEDECER A LOS PADRES

¿Crees que existen consecuencias por desobedecer a tus padres?

La desobediencia conlleva consecuencias negativas y contribuye a situaciones problemáticas. "Nunca debieron llevarse las motos, no son juguetes; aunque parezcan inofensivas, son vehículos que solo deben utilizarse con licencia y responsabilidad, a partir de la mayoría de edad. Espero que se hayan dado cuenta de que pudieron provocar accidentes fatales. Agradecemos a Dios que solo haya sido un susto".
Estas fueron las palabras de los padres de Maggy y Tota después de causar un accidente; afortunadamente, sin mayores daños, aunque una de ellas sufrió una lesión en el pie. Esto sucedió mientras participaban en carreras con las motos de sus hermanos, sin solicitar permiso para usarlas. Basándonos en este relato y respaldándonos en la teoría, ¿cómo podríamos definir la desobediencia?

Es la negativa, ya sea activa u omisiva, a obedecer una orden vinculante y de obligatorio acatamiento. Según la enseñanza de la palabra de Dios, la desobediencia adquiere mayor relevancia cuando uno olvida a Dios y pasa por alto sus directrices. En este punto, las circunstancias comienzan a desmoronarse en diversos aspectos de la vida: físico, emocional, financiero, relaciones y de cualquier otra manera. Al desviarte de las enseñanzas divinas, te perjudicas a ti mismo y a los demás, ya que pones en duda la bondad de Dios.

Entender las repercusiones de desobedecer a nuestros padres nos brinda la oportunidad de cuestionar aquello que inicialmente creíamos que estaba correcto y no tendría ningún impacto. No obstante, numerosas historias, tanto seculares como bíblicas, nos ofrecen una perspectiva clara de lo que sucede cuando optamos por la desobediencia.

Hay numerosos ejemplos en la palabra de Dios, pero centrémonos en la historia de Sansón. Este hombre tenía el potencial de llevar una vida recta y exitosa como líder del pueblo de Dios. Desde antes de su nacimiento, Dios lo había designado para una misión especial. Sin embargo, Sansón optó por permitir que sus impulsos y emociones tomaran el control. Desplazó a Dios del trono de su corazón y eligió servir a sus pasiones, lo cual resultó en consecuencias devastadoras tanto para su propia vida como para la de otras personas.

En Jueces 14:3, se registra el acto de desobediencia llevado a cabo por Sansón respecto a su padre, Manoa.

> *Y su padre y su madre le dijeron: ¿No hay mujer entre las hijas de tus hermanos, ni en todo nuestro pueblo, para que vayas tú a tomar mujer de los filisteos incircuncisos? Y Sansón respondió a su padre: Tómame ésta por mujer, porque ella me agrada.*

La historia de Sansón comienza con una violación a la ley de Dios. Él desea casarse con una mujer filistea, a pesar de las protestas de sus padres y en el quebrantar la ley de Dios sobre el matrimonio con paganos. Sansón voluntariamente se metió en situaciones que lo condujeron al pecado, pero cada vez, Dios lo usó para Su gloria. Dios creó a Sansón:

La historia de Sansón inicia con una transgresión a la ley de Dios. A pesar de las objeciones de sus padres y de quebrantar la ley divina sobre el matrimonio con paganos, él desea casarse con una mujer filistea. Sansón se expone voluntariamente a situaciones que lo llevan al pecado, pero cada vez, Dios lo utiliza para Su gloria. Dios creó a Sansón:

> *Jueces 13:5*
> *Y él comenzará a salvar a Israel de mano de los filisteos.*

Las repercusiones que experimentó Sansón fueron en gran medida resultado de no prestar atención a las advertencias de sus padres. Si caemos deliberada y repetidamente en tentaciones que nos llevan al pecado, experimentaremos las consecuencias de nuestra desobediencia, aunque Dios continúe utilizándonos para cumplir Su voluntad.

- Punto de Reflexión / Preguntas
- Ofrenda / Anuncios / Peticiones
- Oración final

Tema 20

LA HONRA AL PADRE

¿Te has preguntado alguna vez si honras correctamente?

Malaquías 1:6
El hijo honra al padre, y el siervo a su señor. Si, pues, soy yo padre, ¿dónde está mi honra? Y si soy señor, ¿dónde está mi temor? dice Jehová de los ejércitos a vosotros, oh sacerdotes, que menospreciáis mi nombre. Y decís: ¿En qué hemos menospreciado tu nombre?

La mejor manera de comprender este verso bíblico es mediante la definición de la palabra "honra", incluso ilustrándola con ejemplos de sus aplicaciones. Honra se refiere al respeto y la buena opinión que se tiene de las cualidades morales y la dignidad de una persona, como se ejemplifica en la frase: "intentó ocultar sus graves problemas económicos para no arruinar la honra de su familia". Otra acepción de la palabra honra es aquello por lo que una persona se siente enaltecida y orgullosa, como se ilustra en la frase: "tuvo la honra de presidir un congreso internacional de pediatría".

¿Cuál es el significado bíblico de la honra? En la Biblia, la palabra "honra" proviene del hebreo "kabôd", que implica gloria. Honrar a Dios y a los padres, por ejemplo, implica alabarlos y valorarlos mediante la obediencia, el respeto, la admiración y la retribución. Sinónimos de "honra" incluyen respeto, estima, gloria y admiración.

A lo largo del libro de Malaquías, observaremos este patrón de preguntas y respuestas entre Dios y Su Pueblo. El propósito es llevarlos a reflexionar sobre el deterioro de su relación con Dios. Se percibe claramente que Dios se refiere a honrar al Padre y al Señor. ¿Cómo se lleva a cabo esto? Dios es presentado como Padre, y la primera mención de Dios "como padre" la encontramos en Éxodo:

> *Éxodo 4:22 Jehová ha dicho así: Israel es mi hijo, mi primogénito.*

Los profetas también lo mencionan:

> *Jeremías 31:9*
> *Porque soy un padre para Israel, y Efraín es mi primogénito.*

> *Isaías 63:16*
> *Tú, oh Jehová, eres nuestro padre; nuestro Redentor perpetuo es tu nombre.*

El apóstol Juan también habla del Padre celestial, y dice:

1 Juan 3:1-2
Mirad cuál amor nos ha dado el Padre, para que seamos llamados hijos de Dios; por esto el mundo no nos conoce, porque no le conoció a él. Amados, ahora somos hijos de Dios, y aún no se ha manifestado lo que hemos de ser; pero sabemos que cuando él se manifieste, seremos semejantes a él, porque le veremos tal como él es.

Este versículo final revela mucho, ya que no solo nos indica que Dios nos acepta como sus hijos, sino que también anhela que experimentemos una transformación para llegar a ser semejantes a Él, convirtiéndonos en dignos hijos de Dios y brindándole honra como nuestro Padre.

Dios como Señor. Ahora, examinemos lo que la Biblia enseña acerca de Dios en su papel como Señor: Por definición, SEÑOR es aquel que ejerce mandato y autoridad. Si Dios es el Señor, esto implica que su pueblo es SU SIERVO; por lo tanto, se espera que estén sometidos a Dios y le obedezcan.

Jesús dice:

Lucas 6: 46
¿Por qué me llamáis, Señor, Señor, ¿y no hacéis lo que digo?

Jesús explicó que no se trata únicamente de usar el título de Señor, sino de obedecerle.

Hay que reconocer, Dios es Señor implica cumplir su voluntad y obedecer sus mandamientos. Aquel que no sigue la voluntad del Padre no forma parte de Su Reino. La entrada al Reino es por gracia, pero la permanencia en él implica la obediencia al Rey.

- Punto de Reflexión / Preguntas
- Ofrenda / Anuncios / Peticiones
- Oración final

Notas:

_____

_____

_____

_____

_____

_____

_____

_____

Tema 21

EL PRIMER AMOR

¿Te has preguntado quién o qué es lo primero en tu vida?

Puede que alguna de estas frases u ofertas, te parezcan familiares.

"13 pasos para establecer prioridades en tu vida".
"Prueba estas 11 ideas para establecer prioridades". "Qué hacer si tu esposa tiene como prioridad el trabajo". "Taller sobre el manejo de las prioridades en la vida". "Conoce los pasos para organizar tu vida y priorizar".

Constantemente nos encontramos con estas y muchas otras expresiones en redes sociales, en la publicidad de talleres y programas en línea, así como en revistas o libros de autoayuda. Son una multitud de ofertas seculares que nos invitan a explorar opciones para mejorar continuamente y buscar un futuro mejor.

Cada uno de estos temas se basa en estudios previos que han arrojado soluciones momentáneas, pero con el tiempo, estas situaciones se repiten o incluso se intensifican de manera irreversible. Esto conduce a etapas de la vida que pueden resultar un tanto tristes, llenas de desilusiones e incluso desafiantes.

Conocer la vida de los 12 discípulos de Jesús, nos permite conocer muy de cerca el primer amor, es el amor más importante que cualquiera puede experimentar, es decir, es ese amor primario por el Señor Jesucristo que precede o tiene prioridad sobre todos los demás amores en términos de valor. En Mateo leemos:

Explorar la vida de los 12 discípulos de Jesús nos acerca al concepto del primer amor, el cual es el amor más significativo que alguien puede experimentar. Este amor primordial se refiere al amor fundamental por el Señor Jesucristo que precede o tiene prioridad sobre todos los demás afectos en términos de valor. En el Evangelio de Mateo, leemos:

> Mateo 4:18-22
> *Andando Jesús junto al mar de Galilea, vio a dos hermanos, Simón, llamado Pedro, y Andrés su hermano, que echaban la red en el mar; porque eran pescadores. Y les dijo: Venid en pos de mí, y os haré pescadores de hombres. Ellos entonces, dejando al instante las redes, le siguieron. Pasando de allí, vio a otros dos hermanos, Jacobo hijo de Zebedeo, y Juan su hermano, en la barca con Zebedeo su padre, que remendaban sus redes; y los llamó. Y ellos, dejando al instante la barca y a su padre, le siguieron.*

El Evangelio narra el llamado de los primeros discípulos según la versión de Mateo. El evangelista ubica el relato antes de que Jesús comience a predicar acerca del Reino. De esta manera, los discípulos pueden ser testigos directos de dicho anuncio y prepararse para continuar con esta misión en el futuro.

En Galilea, la acción de Jesús se inicia con una mirada y continúa con la palabra. El impacto de su invitación es fulminante, "Sígueme" y "ven": son sus palabras sencillas y claras. El Señor nos insta a posicionarnos en el camino, a movernos de la misma manera que Él. Es gratificante sentir que te despiertas por Su voz, la cual es poderosa y accesible.

Estos dos primeros discípulos, y más adelante los hermanos Santiago y Juan (hijos de Zebedeo), son cautivados e impulsados por la mirada y la palabra de Jesús; dejan la barca y a su padre para seguirlo. Jesús continúa llamando a hombres y mujeres. Tú, al igual que yo, hemos sido llamados a colaborar con Él para ser "pescadores de hombres", para proclamar las Buenas Nuevas del Evangelio.

La invitación permanece abierta y se vuelve cada vez más apremiante. Ojalá que cada día haya más hombres y mujeres que decidan seguir a Jesús con radicalidad y amor, aceptando su llamado.

El primer amor a Dios es una experiencia de confianza y fidelidad en Él y en sus promesas, implicando darle el primer lugar en nuestra vida. Vivir en amor y por amor es el constante llamado que nuestro Señor Jesús nos hace en esta tierra. Cada uno de sus hijos tiene la responsabilidad de obedecerle, honrándolo de esta manera.

- Punto de Reflexión / Preguntas
- Ofrenda / Anuncios / Peticiones
- Oración final

Tema 22

LA VENIDA DE CRISTO

¿Cómo te sentirías si fueses invitado por el presidente del país a un banquete en la Casa Blanca?

Mateo 22:10
Y saliendo los siervos por los caminos, juntaron a todos los que hallaron, juntamente malos y buenos; y las bodas fueron llenas de convidados.

En esta parábola, Jesús nos revela la forma de acceder al Reino de los Cielos y la elección soberana de un Rey que lo determina. Como seguidores de Cristo, estamos llamados a rendir culto a ese Rey soberano, quien nos ha extendido una invitación a participar en las bodas.

Cuando el rey envió a sus siervos a buscar invitados al banquete, cada uno de esos siervos simboliza a los predicadores contemporáneos que difunden la palabra de Dios a nivel mundial, proclamando las buenas nuevas de la salvación y la segunda venida de Cristo. Lamentablemente, muchos de estos mensajeros son ignorados, y en algunos países, enfrentan amenazas e incluso la muerte debido a su labor de predicar el Evangelio. Quizás hayas leído o visto en las noticias sobre terremotos, guerras, hambrunas y otros eventos que, a primera vista, pueden parecer comunes a lo largo de la historia del mundo. Sin embargo, al profundizar en la palabra de Dios, descubrimos que muchos de estos sucesos ya fueron escritos y descritos en sus enseñanzas. ¿No te parece sorprendente que lo que fue predicho hace más de 2000 años esté ocurriendo en la actualidad?

> Mateo 24:6-8
> *Y oiréis de guerras y rumores de guerras; mirad que no os turbéis, porque es necesario que todo esto acontezca; pero aún no es el fin. Porque se levantará nación contra nación, y reino contra reino; y habrá pestes, y hambres, y terremotos en diferentes lugares. Y todo esto será principio de dolores.*

Nuestro Señor Jesús nos ha dejado numerosas señales en su palabra, algunas de las cuales ya se manifiestan en nuestro mundo: los frecuentes terremotos, hambrunas, epidemias y guerras (Mateo 24:6-8); el enfriamiento del amor entre los creyentes (Mateo 24:12); la aparición de falsos cristos (Mateo 24:4-5); la restauración de Israel (Mateo 24:32-33); y la difusión del evangelio hasta los confines de la tierra (Mateo 24:14). Estas señales nos instan a reflexionar y a comprometernos verdaderamente con el reino de Dios, a profundizar en su palabra y a buscar la sabiduría divina para entender y aplicar sus enseñanzas. Debemos recordar que Su palabra nos advierte que *son muchos los llamados, pero pocos los escogidos.*

Que los pasos para ser invitados a las Bodas del Cordero son arrepintiéndonos de nuestros pecados, bautizándonos en agua en el nombre de Jesús y recibiendo el sello del Espíritu Santo. Esto último nos permitirá escuchar su voz, tener discernimiento de sus señales y vivir en santidad, para agradar a Dios. ¿Qué debemos evitar que nos suceda?

Los pasos para ser invitados a las Bodas del Cordero incluyen arrepentirnos de nuestros pecados, ser bautizados en agua en el nombre de Jesús y recibir el sello del Espíritu Santo. Este último nos capacita para escuchar Su voz, discernir Sus señales y vivir en santidad, con el propósito de agradar a Dios. ¿Qué debemos evitar que nos suceda?

1. **Incredulidad:** Mantengamos una fe sólida y confiemos en las promesas de Dios.
2. **Desobediencia:** Sigamos los mandamientos y enseñanzas de Cristo, evitando la rebeldía.
3. **Complacencia en el pecado:** Busquemos la pureza y apartémonos de prácticas que contradigan los principios bíblicos.
4. **Apegos mundanos:** No cedamos a las tentaciones y placeres mundanos que puedan alejarnos de Dios.
5. **Hipocresía:** Busquemos la coherencia entre lo que profesamos y cómo vivimos, evitando la doble moral.
6. **Descuidarnos de nuestra vida de oración y estudio de la Palabra:** Fortalezcamos nuestra relación con Dios mediante la comunicación constante y la comprensión profunda de Sus enseñanzas.

Mateo 24:38
Porque como en los días antes del diluvio estaban comiendo y bebiendo, casándose y dando en casamiento, hasta el día en que Noé entró en el arca.

Para muchos, fue demasiado tarde para abordar la barca; su destino fue la perdición y la muerte, llevando consigo el sufrimiento y la condenación de sus almas. Es imperativo evitar que nos ocurra lo mismo. Afortunadamente, aún tenemos la oportunidad de ser salvos y regocijarnos en la eternidad junto a Jesús.

- Punto de Reflexión / Preguntas
- Ofrenda / Anuncios / Peticiones
- Oración final

Notas:

_____

_____

_____

_____

_____

Tema 23

LA MISERICORDIA

¿Qué sientes cuando te encuentras con alguien necesitado en la calle?

Hebreos 4:16
Acerquémonos, pues, confiadamente al trono de la gracia, para alcanzar misericordia y hallar gracia para el oportuno socorro.

¿Qué es la misericordia? Es la capacidad de experimentar compasión por aquellos que sufren y proporcionarles apoyo. La palabra "misericordia" tiene su origen en el latín "misere", que significa "miseria, necesidad"; "cor, cordis", que se refiere a "corazón"; y "ia", que denota "hacia los demás".

La misericordia puede expresarse de diversas maneras, ya sea mediante acciones materiales como ofrecer refugio, proporcionar alimentos, dar de beber, vestir a quienes carecen de ello, entre otros. También se manifiesta a través de acciones espirituales, como enseñar, ofrecer sabios consejos, consolar a aquellos que están tristes y rogarle a Dios por el bienestar de los seres humanos.

El término "misericordia" puede emplearse como sinónimo de compasión, piedad, bondad, entre otros. Algunos antónimos de la palabra "misericordia" son: impiedad, inclemencia, maldad, condena.

La misericordia y la gracia son confundidas con frecuencia, y aunque parezcan similares no lo son, ya que misericordia se refiere al perdón concedido por Dios debido al arrepentimiento sincero, en cambio, gracia es don gratuito de Dios para ayudar al hombre a cumplir los mandamientos, salvarse o ser santo.

¿Cuáles son las características de la misericordia? Basado en:

> *Santiago 3:17 Pero la sabiduría que es de lo alto es primeramente pura, después pacífica, amable, benigna, llena de misericordia y de buenos frutos, sin incertidumbre ni hipocresía.*

Jesucristo demostró una capacidad infinita de misericordia; Él "no podía mirar los rostros de los hombres sin sentir aflicción al verlos confundidos, perplejos y angustiados.
Cuando veía personas que se encontraban fatigadas y dispersas como ovejas sin pastor, su corazón se llenaba de compasión hacia ellas". Veamos ejemplos bíblicos de la misericordia de Dios con sus hijos. En el evangelio de Lucas 15:1-32 se encuentran estas tres parábolas: **La oveja perdida, La moneda perdida y el Hijo prodigo,** que muy bien pudiera llamarse **El padre bueno.** Estas tres parábolas nos invitan a reflexionar sobre la misericordia divina.

La parábola de la oveja perdida nos enseña que cuando las personas están viviendo mal, tristes y rechazadas, sin Dios en sus corazones, viviendo alejados de su Creador, viene, y por su infinita misericordia las busca y cuando las encuentra, Él se regocija con mucha alegría junto a su oveja.

La parábola de la moneda perdida es referente a una mujer que pierde una moneda la cual necesitaba, y ella enciende una lámpara, barre la casa y comienza a buscarla con diligencia, y cuando la encuentra, comparte con sus amigas y vecinas la dicha de haber encontrado la moneda. La parábola es figura de la actitud del hijo de Dios quien cuando pierde algo, lo busca cuidadosamente, y se alegra cuando encuentra lo que se consideraba perdido.

La parábola del hijo pródigo habla de la misericordia de Dios para los pecadores arrepentidos y la sincera alegría por la conversión de los descarriados.

De muchas maneras, cuando escudriñamos las escrituras, encontramos prueba y testimonios de la infinita misericordia que Dios tiene con cada uno de sus escogidos y del llamado a sus hijos. Sabemos que ese Dios es el mismo ayer, hoy y por los siglos, por lo tanto, su misericordia sigue tan palpable hoy día para con cada uno de los que le buscan y le sirven en espíritu y en verdad. Y todo esto lo afirma su palabra en:

Lamentaciones 3: 22-26
Por la misericordia de Jehová no hemos sido consumidos, porque nunca decayeron sus misericordias. Nuevas son cada mañana; grande es tu fidelidad. Mi porción es Jehová, dijo mi alma; por tanto, en él esperaré. Bueno es Jehová a los que en él esperan, al alma que le busca. Bueno es esperar en silencio la salvación de Jehová.

- Punto de Reflexión / Preguntas

- Ofrenda / Anuncios / Peticiones

- Oración final

Notas:

_____

_____

_____

_____

_____

Tema 24
GUSTO Y PRIORIDAD

¿Tiene usted claridad sobre la diferencia entre un gusto y una prioridad?

Lucas 10:40
Pero Marta se preocupaba con muchos quehaceres, y acercándose, dijo: Señor, ¿no te da cuidado que mi hermana me deje servir sola? Dile, pues, que me ayude.

Todos comprendemos la distinción entre gustos y prioridades. Los expertos en este tema definen el gusto como aquellas actividades que nos resultan más fáciles, que disfrutamos haciendo y que practicamos con mayor frecuencia. Por otro lado, las prioridades son definidas como aquellas actividades que nos proporcionan mayores beneficios, en especial si las abordamos rápidamente, incluso si su ejecución implica cierta dificultad.

En Lucas 10:38, encontramos un destacado ejemplo de discernimiento entre gusto y prioridad. Marta, una mujer sumamente trabajadora y servicial, al recibir a Jesús y a sus discípulos, se apresura a atenderlos, probablemente preparando alimentos o bebidas para ofrecerles. No obstante, también nos presenta a María, quien opta por sentarse a los pies de Jesús para escuchar la palabra de vida. Ambas hermanas compartían la misma formación, pero al hacer la elección entre gusto y prioridad, María escoge la mejor parte: estar a los pies de Jesús, dedicándose a escuchar su enseñanza.

Lucas 10:42
Pero solo una cosa es necesaria; y María ha escogido la buena parte, la cual no le será quitada.

Llegará el momento en el que te verás enfrentado a la misma situación que Marta y María, y la pregunta crucial será: ¿Qué es lo que me beneficia más? Eclesiastés 3:1 establece,

Todo tiene su tiempo, y todo lo que se quiere debajo del cielo tiene su hora. Es la hora de acercarnos cada vez más a Dios, siempre habrá afanes en nuestras vidas, pero de nada nos sirve preocuparnos, cuando Dios nos da la oportunidad de poder descargar nuestros asuntos en Él.

Salmos 55:22
Echa sobre Jehová tu carga, y él te sustentará; No dejará para siempre caído al justo.

Dios nos brinda la oportunidad de estar cerca de Él. Por lo tanto, aprovechemos ese gran privilegio que nos concede.

Hechos 17:27
Para que busquen a Dios, si en alguna manera, palpando, puedan hallarle, aunque ciertamente no está lejos de cada uno de nosotros

- Punto de Reflexión / Preguntas

- Ofrenda / Anuncios / Peticiones

- Oración final

Tema 25
TIEMPO DE RENOVAR

¿Has solicitado una renovación de algo antiguo? ¿Quedaste satisfecho con el resultado?

Eclesiastés 3:1
Todo tiene su tiempo, y todo lo que se quiere debajo del cielo tiene su hora.

Cada estación del año tiene su principio y su final; cada árbol se renueva según su estación. Cada día cuenta con su amanecer y su anochecer, y Dios concede a cada ser humano la oportunidad de comenzar una nueva jornada.

En este mundo, todo tiene su momento; para cada cosa hay una oportunidad y un tiempo. La vida del ser humano se compone de penas y alegrías, de triunfos y fracasos, de trabajos y reposos, y cada aspecto ocurre en su propio tiempo, marcado por la voluntad de Dios. La sabiduría del hombre radica en armonizarse con la voluntad divina para saber qué hacer en cada situación. Es por eso que Pablo afirmaba:

2 Corintios 12:10
Por lo cual, por amor a Cristo me gozo en las debilidades, en afrentas, en necesidades, en persecuciones, en angustias; porque cuan- do soy débil, entonces soy fuerte.

Es momento de revitalizar nuestra forma de vivir. Podrías preguntarte: ¿Qué aspecto de mi vida puedo transformar o renovar?

Efesios 4:31-32
Quítense de vosotros toda amargura, enojo, ira, gritería y maledicencia, y toda malicia. Antes sed benignos unos con otros, misericordiosos, perdonándoos unos a otros, cómo Dios también os perdonó a vosotros en Cristo.

a. En el pasado, estábamos sujetos a la esclavitud.
b. Nuestra existencia estaba marcada por lamentos.
c. Antes, experimentábamos un invierno perpetuo y frío en nuestra vida.
d. Éramos como árboles otoñales, desprovistos de fruto.

Corintios 5:17
De modo que, si alguno está en Cristo, nueva criatura es; las cosas viejas pasaron; he aquí todas son hechas nuevas.

- Punto de Reflexión / Preguntas
- Ofrenda / Anuncios / Peticiones
- Oración final

TEMA 26

LA PUERTA ABIERTA

Para ti, ¿qué es una puerta?

La puerta, al ser una abertura que nos facilita el ingreso y la salida, siempre ha sido considerada un símbolo universal que denota la transición de un lugar, de un estado o de un nivel a otro.

Mateo 7:7
Pedid, y se os dará; buscad, y hallaréis; llamad, y se os abrirá.

Hay lugares, estados o niveles a los cuales no podemos acceder a menos que los busquemos activamente. Son puertas ante las cuales debemos literalmente situarnos para que se abran.

Por ejemplo: La mayoría de los supermercados cuentan con puertas automáticas. A primera vista, estas puertas parecen cerradas y no se abren hasta que te acercas y te detienes justo en frente de ellas. Al detectar nuestra presencia, la puerta se abre automáticamente y nos brinda el acceso que necesitamos.

La Biblia es una puerta que nos permite el acceso a un sin número de oportunidades, promesas y direcciones que vienen directamente de Dios. Tenemos que entrar por la puerta que es la palabra de Dios para poder alcanzar misericordia delante de nuestro Señor Jesucristo, la palabra del Señor es esa puerta que permite que nuestra fe crezca y se fortalezca, eso es lo que Dios quiere para nosotros que crezcamos en fe y en semejanza a Cristo.

La Biblia es una puerta que nos brinda acceso a innumerables oportunidades, promesas y direcciones que provienen directamente de Dios. Debemos entrar por la puerta que es la Palabra de Dios para obtener misericordia delante de nuestro Señor Jesucristo. La Palabra del Señor es esa puerta que posibilita el crecimiento y fortalecimiento de nuestra fe; es lo que Dios desea para nosotros, que crezcamos en fe y en semejanza a Cristo.

> *Apocalipsis 3:8*
> *Yo conozco tus obras; he aquí, he puesto delante de ti una puerta abierta, la cual nadie puede cerrar; porque, aunque tienes poca fuerza, has guardado mi palabra, y no has negado mi nombre.*

Hay una puerta que hoy en día permanece abierta para todo aquel que desee entrar por ella; es la puerta de la salvación, y solo podemos acceder a través de esta al reconocer que Jesús es el único que nos puede salvar.

> *Juan 10:9*
> *Yo soy la puerta; el que por mí entrare, será salvo; y entrará, y saldrá, y hallará pastos.*

Al observar una puerta abierta, rápidamente nos percatamos de que hay una oportunidad para ingresar a un lugar o pasar al otro lado. Puede que pienses que la situación que estás atravesando no tiene salida y que ninguna puerta se abre, pero recuerda que en Cristo está la solución. Él es nuestro pronto auxilio, y en Él encontramos la respuesta.

Salmos 46:1
Dios es nuestro amparo y fortaleza, Nuestro pronto auxilio en las tribulaciones.

- Punto de Reflexión / Preguntas
- Ofrenda / Anuncios / Peticiones
- Oración final

Notas:

_____

_____

_____

_____

_____

_____

_____

Tema 27

LLAMADOS A LA SALVACIÓN

Cuando estás en un lugar público y escuchas tu nombre, ¿Cuál es tu primera reacción?

Desde el inicio fuimos creados con el propósito de disfrutar de una vida eterna, en paz y sin preocupaciones.

> *Génesis: 1:25-26*
> *E hizo Dios animales de la tierra según su género, y ganado según su género, y todo animal que se arrastra sobre la tierra según su especie. Y vio Dios que era bueno. Entonces dijo Dios: Hagamos al hombre a nuestra imagen, conforme a nuestra semejanza; y señoree en los peces del mar, en las aves de los cielos, en las bestias, en toda la tierra, y en todo animal que se arrastra sobre la tierra.*

Después de cinco días dedicados a la creación y organización de toda la tierra, el Señor contempla que todo es bueno y perfecto. Una vez que la tierra está lista, Él crea al hombre. ¡Qué amor tan inmenso! Lo ama profundamente; podemos observar que, desde entonces, el Señor desea que a la humanidad no le falte nada.

Sin embargo, debido a la desobediencia del hombre, perdimos el privilegio de vivir la vida según el plan original del Señor. A pesar de esto, el amor de Dios permanece inalterable. Él, a pesar de nuestros errores, continúa perdonando y brindando la oportunidad de obtener la salvación a través de la muerte de Jesucristo.

Romanos 5:8
Mas Dios muestra su amor para con nosotros, en que, siendo aún pecadores, Cristo murió por nosotros.

Un amor tan inmenso es el que el Creador siente por su creación, que cada día brinda la oportunidad de recuperar lo que desde el principio fue predestinado para el hombre.

Romanos 5:19-21
Porque, así como por la desobediencia de un hombre los muchos fueron constituidos pecadores, así también por la obediencia de uno, los muchos serán constituidos justos. Pero la ley se introdujo para que el pecado abundase; más cuando el pecado abundó, sobreabundó la gracia; para que, así como el pecado reinó para muerte, así también la gracia reine por la justicia para vida eterna mediante Jesucristo, Señor nuestro.

La salvación que hoy reconocemos no es más que la vida eterna, en paz y sin preocupaciones, que Dios había preparado para nosotros. La única diferencia radica en que antes había sido entregada en la mano del hombre, pero ahora nos toca luchar por ella. Y eso lo logramos, en primer lugar, al responder al llamado.

Apocalipsis 3:20-21
He aquí, yo estoy a la puerta y llamo; si alguno oye mi voz y abre la puerta, entraré a él, y cenaré con él, y él conmigo. Al que venciere, le daré que se siente conmigo en mi trono, así como yo he vencido, y me he sentado con mi Padre en su trono.

El Señor ha permanecido siempre a la puerta de nuestro corazón, llamando y esperando que la abramos. Hoy, de alguna manera, hemos respondido a ese llamado. Ahora, debemos permitir que Dios entre, para poder conocerlo y comprender que lo que desea regalarnos es algo que desde el principio nos pertenecía: una vida eterna a su lado. Ya no como creación, sino como hijos, porque a aquellos que lo reciben y creen en su Nombre, les ha otorgado el privilegio de ser llamados hijos de Dios.

Dios nos hace un llamado, y tú decides si abrir la puerta de tu corazón a lo que siempre ha sido tuyo: la Salvación.

- Punto de Reflexión / Preguntas
- Ofrenda / Anuncios / Peticiones
- Oración final

Notas:

_____

_____

_____

_____

_____

_____

_____

Tema 28
UNA VERDADERA RELACIÓN CON DIOS

¿Qué es para ti una verdadera relación?

Job 22:21-22
Vuelve ahora en amistad con él, y tendrás paz; Y por ello te vendrá bien. Toma ahora la ley de su boca, Y pon sus palabras en tu corazón.

Es fundamental cultivar relaciones saludables. El Señor siempre ha deseado mantener una conexión especial con la humanidad, pero no solo cualquier tipo de conexión; anhela una relación basada en la amistad. De esta manera, busca llenar el vacío que existe en nuestros corazones.

Proverbio 17:17
En todo tiempo ama el amigo, y es como un hermano en tiempo de angustia.

En momentos de aflicción, se requieren palabras de aliento o simplemente un abrazo cálido que haga sentir a la persona que no está sola; esto es precisamente lo que Jesús ofrece. Él es el consolador, el pronto auxilio, quien conoce el pasado, el presente y el futuro, y su único deseo es sanar las heridas.

Desde hace mucho tiempo, ha venido buscando la reconciliación con su pueblo, razón por la cual entregó su vida para salvarlo. Él ya ha pagado el precio y ahora espera simplemente que la decisión del hombre sea la correcta.

Juan 15:13-15
Nadie tiene mayor amor que éste, que uno ponga su vida por sus amigos. Vosotros sois mis amigos, si hacéis lo que yo os mando. Ya no os llamaré siervos, porque el siervo no sabe lo que hace su señor; pero os he llamado amigos, porque todas las cosas que oí de mi Padre, os las he dado a conocer.

No hay razón para temer entablar amistad con Dios, ya que lo único que Él desea es establecer una verdadera relación para ayudarnos a vivir una vida plena y mejor.

Jeremías 29:11-12
Porque yo sé los pensamientos que tengo acerca de vosotros, dice Jehová, pensamientos de paz, y no de mal, para daros el fin que esperáis. Entonces me invocaréis, y vendréis y oraréis a mí, y yo os oiré.

El deseo del Señor es transformar la vida de todos, colmándola de gozo, felicidad y permitiendo que su paz reine en nuestros corazones. De esta manera, busca llenar el vacío que existe en nuestro interior.
- Punto de Reflexión / Preguntas
- Ofrenda / Anuncios / Peticiones
- Oración final

Tema 29

DIOS NUNCA LLEGA TARDE

¿Te ha sucedido alguna vez que alguien te pidió un favor importante, pero, a pesar de tus mejores intenciones, no pudiste hacerlo porque llegaste tarde? ¿Cómo te hizo sentir esa situación?

Lucas 13:22-24
Pasaba Jesús por ciudades y aldeas, enseñando, y encaminándose a Jerusalén. Y alguien le dijo: Señor, ¿son pocos los que se salvan? Y él les dijo: Esforzaos a entrar por la puerta angosta; porque os digo que muchos procurarán entrar, y no podrán.

Uno de los mayores errores que cometemos es posponer las cosas importantes, sin percatarnos de que no podemos estar seguros de tener un mañana.

2 corintios 6:2
Porque dice: En tiempo aceptable te he oído, Y en día de salvación te he socorrido. He aquí ahora el tiempo aceptable; he aquí ahora el día de salvación.

En ocasiones, no valoramos la oportunidad que Dios nos brinda cada día para estar en comunión con Él y transformar el curso de nuestras vidas.

Juan 4:4-7

Y le era necesario pasar por Samaria. Vino, pues, a una ciudad de Samaria llamada Sicar, junto a la heredad que Jacob dio a su hijo José. Y estaba allí el pozo de Jacob. Entonces Jesús, cansado del camino, se sentó así junto al pozo. Era como la hora sexta. Vino una mujer de Samaria a sacar agua; y Jesús le dijo: Dame de beber.

Jesús escoge el momento preciso para hablar con esta mujer; conoce su aflicción y se acerca a ella para sanar su corazón y llenar el vacío que nadie había logrado llenar. Dios está buscando hacer lo mismo con nosotros, ya que Él conoce la razón de nuestras lágrimas, entiende nuestras necesidades y toma el tiempo necesario para satisfacer los anhelos de nuestro corazón.

Juan 11:4-6 4

Oyéndolo Jesús, dijo: Esta enfermedad no es para muerte, sino para la gloria de Dios, para que el Hijo de Dios sea glorificado por ella. Y amaba Jesús a Marta, a su hermana y a Lázaro. Cuando oyó, pues, que estaba enfermo, se quedó dos días más en el lugar donde estaba.

Jesús nunca llega tarde. Aunque en esta historia Lázaro murió a causa de una enfermedad, al llegar Jesús le devolvió la vida, demostrando así el poder de Dios. A pesar de que podamos pensar que no hay remedio, el Señor puede sanarnos. Incluso si creemos que no hay perdón, el Señor está dispuesto a perdonar. Y aunque pensemos que no hay salida, el Señor puede abrir nuevas puertas de bendición en nuestra vida, porque para Dios no hay nada imposible.

El mismo Dios que resucitó a Lázaro de entre los muertos es aquel que siempre busca estar cerca de nosotros cuando lo necesitamos. El problema es que, con nuestras actitudes, nos alejamos cada día más de Él.

Existen aspectos sobre los que no tenemos control, y uno de ellos es el tiempo. No desperdicies la oportunidad que Dios nos brinda para conocerlo, ya que un día podría ser demasiado tarde.

- Punto de Reflexión / Preguntas
- Ofrenda / Anuncios / Peticiones
- Oración final

Notas:

_____

_____

_____

_____

_____

_____

_____

Tema 30

Y ME SERÉIS TESTIGOS

¿Qué es ser un testigo?

Hechos 1:8
Pero recibiréis poder, cuando haya venido sobre vosotros el Espíritu Santo, y me seréis testigos en Jerusalén, en toda Judea, en Samaria, y hasta lo último de la tierra.

Este famoso versículo nos confirma la verdadera forma que debemos vivir delante de Cristo. Nuestro testimonio habla más que mil palabras. Nuestras acciones tienen que decirle al mundo la experiencia maravillosa que recibimos en el Señor Jesús. Ser testigos de Jesús en nuestra ciudad por medio de nuestro testimonio es algo que solamente se consigue cuando estamos llenos del Espíritu Santo.

Ahora, ¿qué es ser un testigo? Un testigo es alguien que posee conocimiento de primera mano acerca de un hecho. Somos testigos de Dios cuanto hemos experimentado de primera mano algún cambio, milagro o hecho en nuestras vidas de parte de Dios (más que un nombre es una experiencia).

Por Ejemplo, En un caso criminal, alguien que estuvo en la escena del crimen cuando fue cometido, es llamado a testificar al respecto. Ese individuo posee conocimiento de primera mano de lo ocurrido. No importa si nadie le cree en la corte, no importa si el policía le dice que no es así, no importa que los abogados o el mismo juez le diga lo contrario, este testigo sabe lo que vivió y eso nadie se lo puede quitar.

De la misma manera funciona cuando tenemos una experiencia con Jesús. No importa que nos digan lo contrario, esa experiencia cambia las vidas de las personas dejando evidencia y dejándonos a nosotros mismos como testigos verdaderos de lo que pasó.

Mateo 24:1-7
Cuando Jesús salió del templo y se iba, se acercaron sus discípulos para mostrarle los edificios del templo. Respondiendo él, les dijo: ¿Veis todo esto? De cierto os digo, que no quedará aquí piedra sobre piedra, que no sea derribada. Y estando él sentado en el monte de los Olivos, los discípulos se le acercaron aparte, diciendo: Dinos, ¿cuándo serán estas cosas, y qué señal habrá de tu venida, y del fin del siglo? Respondiendo Jesús, les dijo: Mirad que nadie os engañe. Porque vendrán muchos en mi nombre, diciendo: Yo soy el Cristo; y a muchos engañarán. Y oiréis de guerras y rumores de guerras; mirad que no os turbéis, porque es necesario que todo esto acontezca; pero aún no es el fin. Porque se levantará nación contra nación, y reino contra reino; y habrá pestes, y hambres, y terremotos en diferentes lugares.

Basados en estos versículos leídos, ¿sabía usted que cuando una mujer está de parto y empieza a tener los dolores, las contracciones están bastante separadas la una de la otra? Puede que tenga una contracción cada 20 o 10 minutos. Y esas contracciones son leves, no son muy fuertes, son principio de dolores como lo que está hablando la Biblia aquí.

Pero conforme va llegando la hora del parto y el momento de dar a luz se aproxima, estas contracciones se vuelven cada vez más cortas, ya no son 20 minutos ahora son 10, o cada 5 minutos. Lo que le quiero decir es que las contracciones no solo están pasando más rápido, sino que ahora van incrementando en dolor; cada una es más fuerte que la anterior.

Regresando a Mateo 24, sabemos que estos dolores representan las señales de las cuales Jesús estaba hablando. Las guerras; los desastres naturales, el hambre. Un error que se comete es pensar que aún estamos en principios de dolores. Pensamos que esto apenas está comenzando. Suponemos que donde dice: "Se levantará nación contra nación y reino contra reino", está hablando de las guerras que están pasando en la actualidad. Pero estos principios de dolores se han vivido desde la primera, y segunda guerra mundial, y muchas otras guerras y desastres a través de la historia.

Nosotros ya no estamos en principio de dolores, ahora estamos en lo último del parto ya casi se va a dar a luz. ¡Cristo ya pronto viene! Por lo tanto, es tiempo de convertirnos en verdaderos testigos del poder de Jesucristo. Porque para nosotros es esta promesa.

Hechos 2:38-39

Pedro les dijo: Arrepentíos, y bautícese cada uno de vosotros en el nombre de Jesucristo para perdón de los pecados; y recibiréis el don del Espíritu Santo. Porque para vosotros es la promesa, y para vuestros hijos, y para todos los que están lejos; para cuantos el Señor nuestro Dios llamare.

- Punto de Reflexión / Preguntas
- Ofrenda / Anuncios / Peticiones
- Oración final

Notas:

_____

_____

_____

_____

_____

_____

_____

_____

Tema 31

EL DESCANSO QUE SOLO DIOS PUEDE DAR

¿Qué significa para usted la palabra descanso?

Mateo 11:28
Venid a mí todos los que estáis trabajados y cargados, y
yo os haré descansar.

Jesús contempló un mundo agotado, cargado de preocupaciones y ansiedades. Un cansancio que no solo es físico, sino también espiritual; ya que el cansancio físico puede controlarse con un buen descanso, pero el agotamiento espiritual va mucho más allá.

Isaías 40:29-31
Él da esfuerzo al cansado, y multiplica las fuerzas al que
no tiene ningunas. 30 los muchachos se fatigan y se
cansan, los jóvenes flaquean y caen; pero los que esperan
a Jehová tendrán nuevas fuerzas; levantarán alas como las
águilas; correrán, y no se cansarán; caminarán, y no se
fatigarán.

El agotamiento espiritual surge desde lo más profundo, de las emociones, sentimientos y heridas que brotan del corazón. No está condicionado por la edad; todos somos susceptibles a experimentarlo.

Salmos 55:22
Echa sobre Jehová tu carga, y él te sustentará; No dejará para siempre caído al justo.

El propósito de Dios es que aprendamos a confiar en Él y a depositar nuestras cargas a sus pies. Esto nos ayuda a sanar las heridas que son la raíz de muchos males, las cuales tarde o temprano se manifiestan y empiezan a causarnos dolor, afectando también a quienes nos rodean. Es fundamental reconocer nuestro estado espiritual y solicitar ayuda si es necesario. No permitamos que las preocupaciones de este mundo obstaculicen el propósito que Dios tiene para nuestra vida.

Salmos 23:2
En lugares de delicados pastos me hará descansar; Junto a aguas de reposo me pastoreará.

No hay descanso mejor que el que nos ofrece Dios, y esto no implica que nada sucederá en nuestra vida o que todo será perfecto. Seguiremos enfrentando aflicciones y necesidades como todos, ya que vivimos en este mundo. Sin embargo, lo que podemos asegurar es que no estaremos solos; Dios siempre estará a nuestro lado, y su paz reinará en nuestro corazón.

- Punto de Reflexión / Preguntas
- Ofrenda / Anuncios / Peticiones
- Oración final

Tema 32

UN CORAZÓN AGRADECIDO NO DESPRECIA A DIOS

Si tuvieras la oportunidad de retroceder en el tiempo y expresar tu gratitud a alguien por lo que hizo por ti en algún momento, ¿lo harías?

Lucas 17:11-14 11
Yendo Jesús a Jerusalén, pasaba entre Samaria y Galilea. Y al entrar en una aldea, le salieron al encuentro diez hombres leprosos, los cuales se pararon de lejos y alzaron la voz, diciendo: ¡Jesús, ¡Maestro, ten misericordia de nosotros! Cuando él los vio, les dijo: Id, mostraos a los sacerdotes. Y aconteció que mientras iban, fueron limpiados.

La lepra es una enfermedad bacteriana que provoca úlceras o llagas en la piel, daño neurológico y debilidad muscular que empeora con el tiempo. Comprender la naturaleza de la lepra nos brinda una visión del dolor experimentado por aquellos afectados. Además de las aflicciones físicas, estos hombres eran exiliados; se les condenaba a vivir alejados de los pueblos, sin la posibilidad de acercarse a sus familias o a sus hogares, ya que el temor al contagio alejaba a todos.

La Escritura relata que, desde lejos, estos hombres clamaron por misericordia. A pesar de las circunstancias adversas, supieron aprovechar la oportunidad y no permitieron que las dificultades los separaran de su bendición. Esta gran prueba los llevó a clamar para llamar la atención del único que podía socorrerlos. Imagino que Jesús conocía su necesidad, así como conoce la nuestra, pero a veces es crucial que tomemos acción y activemos nuestra fe. La fe no es simplemente esperar, sino también perseverar en clamar por la misericordia de nuestro Dios, confiando en que pronto veremos la victoria.

Estos hombres activaron su fe y recibieron su milagro. Sin embargo, lamentablemente, solo uno de ellos comprendió la grandeza del poder de Dios.

> *Lucas 17:15-19*
> *Entonces uno de ellos, viendo que había sido sanado, volvió, glorificando a Dios a gran voz, y se postró rostro en tierra a sus pies, dándole gracias; y éste era samaritano. Respondiendo Jesús, dijo: ¿No son diez los que fueron limpiados? Y los nueve, ¿dónde están? ¿No hubo quien volviese y diese gloria a Dios sino este extranjero? Y le dijo: Levántate, vete; tu fe te ha salvado.*

Cuando comprendemos que Dios siempre nos brinda más de lo que esperamos, superando así nuestras expectativas, surge en nosotros un auténtico agradecimiento que nos habilita para recibir incluso más allá de un simple milagro.

La Biblia afirma que las misericordias del Señor son nuevas cada día. Si reflexionamos sobre esto, podemos comprender que el deseo del Señor es que diariamente experimentemos algo nuevo con Él. Esto nos ayudará a conocerlo mejor, a perseverar y a fortalecer nuestra relación con nuestro Padre.

estos diez clamaron por misericordia y la recibieron, fueron sanados. Sin embargo, el corazón agradecido de uno de ellos lo llevó a regresar y postrarse ante Jesús, logrando así mucho más. No solo obtuvo la sanidad, sino también la salvación de su alma.

El agradecimiento es un sentimiento de estima y reconocimiento hacia alguien que ha hecho algo por nosotros, y eso fue lo que hizo este hombre al regresar a postrarse. Él comprendió que Jesús no solo sanó su cuerpo, sino que también le brindó la oportunidad de recuperar su vida y reunirse con su familia. Por eso, se humilló ante Él, reconociendo que no podía pagarle con nada más que con un corazón sincero y lleno de agradecimiento.

¿Por qué conformarnos con una sanidad física que será pasajera, como la vida en este mundo, cuando podemos obtener la Salvación que nos asegura la eternidad con el Señor?

El Dios que se glorificó en esta historia es el mismo a quien servimos. Él nos ha limpiado con Su sangre preciosa y nos ha brindado la oportunidad de una vida mejor. Ahora, ¿cuál será nuestra actitud?

¿Continuaremos por nuestro camino creyendo que merecemos todo y no necesitamos de nadie, o nos postraremos a diario reconociendo que sin Jesús nada podemos hacer? No hay mejor agradecimiento que obedecer Su palabra y cumplir con cada uno de Sus mandamientos. Con una vida así, es como podemos demostrar verdadero agradecimiento a Dios.

- Punto de Reflexión / Preguntas

Tema 33

NACER DE NUEVO

:

Si pudiera cambiar algo en su vida ¿Qué le gustaría cambiar?

En su infinita misericordia, Dios nos ha otorgado el gran privilegio de experimentar un nuevo nacimiento. Podemos comparar este renacer con un botón de RESTAR (REINICIAR), brindándonos la oportunidad de comenzar de nuevo, desde cero. La conversión es el proceso que nos guía de alejarnos del pecado hacia Cristo, haciéndonos parte de la familia de Dios. Este proceso no solo nos concede acceso a la salvación, sino también nos abre las puertas del cielo.

> *1 Pedro 1:23*
> *Siendo renacidos, no de simiente corruptible, sino de incorruptible, por la palabra de Dios que vive y permanece para siempre.*

El acto del nuevo nacimiento no se aplica únicamente a las personas buenas que se dedican a hacer obras virtuosas, ni tampoco exclusivamente a aquellas que han cometido los peores crímenes. La palabra del Señor nos indica que todos necesitamos la experiencia del nuevo nacimiento.

> *Juan 3:3*
> *Respondió Jesús y le dijo: De cierto, de cierto te digo, que el que no naciere de nuevo, no puede ver el reino de Dios.*

No hay otra opción para purificar nuestros pecados y alcanzar la salvación. Sin experimentar el nuevo nacimiento, nos encontramos completamente perdidos.

> *Jeremías 2:22*
> *Aunque te laves con lejía, y amontones jabón sobre ti, la mancha de tu pecado permanecerá aún delante de mí, dijo Jehová el Señor.*

¿Cuál es el papel de nuestra humanidad para recibir el nuevo nacimiento?

> *Juan 1:12*
> *Más a todos los que le recibieron, a los que creen en su nombre, les dio potestad de ser hechos hijos de Dios.*

Lo que nos corresponde a nosotros como seres humanos implica aceptar y reconocer al Señor Jesucristo como el ÚNICO y suficiente Salvador. Después de esa hermosa experiencia con Dios, notaremos rápidamente cambios significativos en nuestra vida: nuestro corazón se transforma, surgen nuevos pensamientos y deseos saludables, nuestra vida experimenta un cambio notable, el amor del Señor se refleja en nosotros, y la lista continúa con muchas bendiciones que podemos experimentar.

Dios es fiel y siempre cumple sus promesas. Él está más cerca de lo que podemos imaginar; simplemente, necesitamos llamarlo. Él nunca falla en responder a nuestras peticiones.

Santiago 4:8
Acercaos a Dios, y él se acercará a vosotros. Pecadores, limpiad las manos; y vosotros los de doble ánimo, purificad vuestros corazones.

- Punto de Reflexión / Preguntas
- Ofrenda / Anuncios / Peticiones
- Oración final

Notas:

_____

_____

_____

_____

Tema 34

UNA VIDA APASIONADA

¿Cuál es su mayor pasión en la vida?

Una persona que vive con pasión aborda las situaciones con el máximo entusiasmo. Siempre busca soluciones en lugar de quejarse frente a los problemas. Al emprender un negocio, no adopta una actitud negativa anticipando resultados desfavorables, sino que se entrega con entusiasmo para asegurar el éxito y la prosperidad de la empresa.

> *Juan 15:11*
> *Estas cosas os he hablado, para que mi gozo esté en vosotros, y vuestro gozo sea cumplido.*

Entusiasmo

La palabra "entusiasmo" tiene su origen en dos términos griegos: "EN" y "THEOS", que significan "lleno de Dios".

Una persona entusiasmada es alguien que contagia a los demás. Aquellos que han tenido un encuentro con el Señor llevan a cabo sus acciones con entusiasmo, pasión y dedicación. Aunque en la actualidad se utilice el término "entusiasmo" especialmente en contextos empresariales o emprendedores, su raíz es "llenos de Dios". Es crucial que estemos impregnados de la presencia del Señor para contagiar a quienes nos rodean.

Cuando enfrentamos diversas pruebas y tribulaciones, no debemos preocuparnos; más bien, debemos abordarlas con entusiasmo desde la perspectiva de Dios. Esto no significa que debamos pasar por alto las circunstancias o dejar de buscar soluciones, sino que debemos confiar en Dios, sabiendo que de Él provendrá la victoria.

Santiago 1:2-3
Hermanos míos, tened por sumo gozo cuando os halléis en diversas pruebas sabiendo que la prueba de vuestra fe produce paciencia.

Debemos vivir cada día como si pudiera ser el momento en que resolvamos nuestras situaciones, el día en que nuestro hijo regrese a casa o el día en que el Señor responda nuestras peticiones.

El Señor nunca se equivoca y nunca llega tarde; siempre llega a tiempo. Por eso, es crucial mantener nuestra confianza en Dios en todo momento.

Salmos 30:11-12
Has cambiado mi lamento en baile; Desataste mi cilicio, y me ceñiste de alegría. Por tanto, a ti cantaré, gloria mía, y no estaré callado. Jehová Dios mío, te alabaré para siempre.

A través de nuestra fe en el Señor, recibimos aquello que nuestro corazón anhela de parte de Dios. No debemos poner límites a Dios, ya que el mismo Dios que le permitió levantarse hoy y llevar a cabo sus quehaceres diarios es aquel que desea salvarlo, restaurarlo y brindarle la posibilidad de vivir una vida plena en Él.

Juan 1:16
Porque de su plenitud tomamos todos, y gracia sobre gracia.

- Punto de Reflexión / Preguntas
- Ofrenda / Anuncios / Peticiones
- Oración final

Notas:

_____

_____

_____

_____

_____

_____

Tema 35

CUANDO LLEGAN LOS PROBLEMAS

¿Tiene algún recuerdo de un momento en el que todo estaba bien, y de repente, algo sucedió que cambió drásticamente el rumbo de su vida?

2 Reyes 4:8-10
Aconteció también que un día pasaba Eliseo por Sunem; y había allí una mujer importante, que le invitaba insistentemente a que comiese; y cuando él pasaba por allí, venía a la casa de ella a comer. Y ella dijo a su marido: He aquí ahora, yo entiendo que éste que siempre pasa por nuestra casa, es varón santo de Dios. Yo te ruego que hagamos un pequeño aposento de paredes, y pongamos allí cama, mesa, silla y candelero, para que cuando él viniere a nosotros, se quede en él.

Esta mujer era una persona conocida y respetable en su pueblo, tenía una buena posición, y a nuestros ojos podríamos decir que no le faltaba nada. Sus atenciones hacia el profeta captan su interés al punto de hacerle reflexionar sobre cuál podría ser su necesidad y cómo él podría ayudar a suplirla.

2 de Reyes 4:13-14
Dijo él entonces a Giezi: Dile: He aquí tú has estado solícita por nosotros con todo este esmero; ¿qué quieres que haga por ti? ¿Necesitas que hable por ti al rey, o al general del ejército? Y ella respondió: Yo habito en medio de mi pueblo. Y él dijo: ¿Qué, pues, haremos por ella? Y Giezi respondió: He aquí que ella no tiene hijo, y su marido es viejo.

Ella le hace saber al profeta que no hay ninguna carencia en su hogar, pero el criado percibe que, en esa aparente vida perfecta, falta algo esencial: un hijo que pueda alegrar a esta pareja. Esto nos lleva a comprender que siempre existirá una necesidad en nuestra vida o en nuestro hogar que ni nada ni nadie más que el Señor Jesús podrá suplir.

Es probable que esta mujer hubiera agotado todos sus medios para concebir hijos y, posiblemente, se había resignado a la situación. Por eso, cuando se le preguntó, guardó silencio. Sin embargo, el Señor, quien conoce los anhelos más profundos del corazón, concedió su deseo. El tiempo pasó y la alegría llegó, pero como suele suceder, no es duradera, ya que tarde o temprano surgen los problemas.

2 de Reyes 4:18-20
Y el niño creció. Pero aconteció un día, que vino a su padre, que estaba con los segadores; y dijo a su padre: ¡Ay, mi cabeza, mi cabeza! Y el padre dijo a un criado: Llévalo a su madre. Y habiéndole él tomado y traído a su madre, estuvo sentado en sus rodillas hasta el mediodía, y murió.

Este no fue un problema cualquiera; fue uno de gran magnitud, uno de esos que el dinero no puede resolver, de los que no tienen solución aparente, donde las fuerzas son insuficientes, y la fe está siendo sometida a prueba. Imaginemos, por un momento, estar en los zapatos de esta madre que ha perdido lo más preciado, aquello que siempre anheló: su hijo yace en sus brazos, y ella se siente impotente.

Sin embargo, en medio de la desesperación, le llega a la mente que su hijo no es simplemente un niño, sino un milagro. Esta perspectiva cambia completamente la situación. La madre, decidida, abandona su hogar en busca de ayuda. Encuentra al profeta y él acude a su casa. El niño, por el poder de un Dios que es verdaderamente grande, vuelve a la vida.

> *2 de Reyes 4:33*
> *Entrando él entonces, cerró la puerta tras ambos, y oro a Jehová.*

Los problemas son inevitables en la vida, por lo que no debemos permitir que nos roben la paz, especialmente después de haber experimentado el poder de Dios, ya que aquel que lo hizo una vez lo hará de nuevo.

Las pruebas no están destinadas a derribarnos; son el medio que el Señor permite para ayudarnos a crecer en fe y fortalecer nuestra relación con Él.

> *Jeremías 33:3*
> *Clama a mí, y yo te responderé, y te enseñaré cosas grandes y ocultas que tú no conoces.*

Tema 36

TRANSFORMANDO LA DERROTA EN VICTORIA

¿Cuál ha sido una de sus mayores victorias en la vida?

El mejor terreno para desarrollar verdaderamente el potencial que Dios ha depositado en nosotros es en medio de las adversidades: ya sea en enfermedades, en la lucha por la vida, en los peligros, en el desánimo o en la escasez. Son precisamente en esos momentos difíciles donde nuestro potencial se hace más evidente.

> *2 Corintios 4:8-9*
> *Que estamos atribulados en todo, mas no angustiados; en apuros, mas no desesperados; perseguidos, mas no desamparados; derribados, pero no destruidos.*

Todos llevamos un potencial que Dios mismo ha depositado en nosotros. Algunos ya lo hemos descubierto y estamos trabajando para perfeccionarlo en el Señor, pero otros aún no hemos alcanzado el punto de reconocer cuál es ese potencial que llevamos dentro.

Un ejemplo de un gran potencial oculto lo encontramos en el elefante de un circo. A pesar de ser movido de un lugar a otro solo con un látigo o estar atado de una pata con una cuerda, cuando ese elefante se dé cuenta de la inmensa fuerza que posee, podría ser capaz de arrastrar el circo completo.

2 Corintios 12:10
Es por esto que me deleito en mis debilidades, y en los insultos, en privaciones, persecuciones y dificultades que sufro por Cristo. Pues, cuando soy débil, entonces soy fuerte.

Para experimentar la victoria de Dios, a menudo primero debemos atravesar situaciones adversas. ¿Cómo podemos reconocer a Dios como el Dios de la provisión si nunca hemos experimentado la escasez? ¿O cómo conocer al Dios de la sanidad si nunca hemos estado al borde de la muerte por alguna enfermedad?

El apóstol Pablo fue forjado en medio del desprecio, las cárceles, los azotes, el hambre y las persecuciones. José, por su parte, fue moldeado por la adversidad: el odio, las envidias, las burlas, y el desprecio de sus propios hermanos. La acusación de la esposa de Potifar y su tiempo en prisión también contribuyeron a su formación. Sin embargo, en medio de todo esto, ambos lograron obtener la victoria. Aunque las circunstancias puedan parecer restrictivas, es en esos momentos donde a Dios le gusta manifestar su gloria.

Cada obstáculo puede ser transformado en un elemento de ayuda para nuestra formación, similar a cómo un árbol, cuando el viento sopla fuerte, hunde sus raíces y se fortalece. Con la ayuda de Dios, somos más que vencedores. No debemos abandonar la misión, ya que las circunstancias no son eternas. Si aún no hemos alcanzado lo que deseamos, debemos continuar intentándolo, reconociendo que la victoria está en el Señor.

1 Corintios 15:57
Mas gracias sean dadas a Dios, que nos da la victoria por medio de nuestro Señor Jesucristo.

- Punto de Reflexión / Preguntas
- Ofrenda / Anuncios / Peticiones
- Oración final

Notas:

_____

_____

_____

_____

TEMA 37

JESÚS PREPARA UN HOGAR ETERNO PARA SU PUEBLO

¿Qué significa para usted un hogar?

Juan 14:1-2 1
No se turbe vuestro corazón; creéis en Dios, creed también
en mí. En la casa de mi Padre muchas moradas hay; si así
no fuera, yo os lo hubiera dicho; voy, pues, a preparar lugar
para vosotros.

Reflexionar sobre un hogar eterno debería ser un tema que nos llene de pasión, ya que fue a eso a lo que se refería Jesús cuando dejó a los suyos con la promesa de preparar algo especial para ellos. Cuando hablamos de eternidad, el cielo debería ser nuestro enfoque principal, ya que de esa manera nos esforzaremos por cumplir los requisitos necesarios para obtener nuestra herencia

1 Pedro 1:4
Para una herencia incorruptible incontaminada e
inmarcesible, reservada en los cielos para vosotros.

La palabra "cielos" y sus derivados aparece en la Biblia más de setecientas veces, brindándonos la seguridad de que hay algo superior preparado para la eternidad. El cielo es un lugar de gloria y majestad, de comunión, de recompensas, de adoración y de servicio. Además, es un lugar de conocimiento y permanencia eterna.

Aunque intentemos imaginar cómo es el cielo, ninguna imagen en nuestra mente podrá compararse con la realidad. Ni siquiera podemos concebir lo grandioso que el Señor ha predestinado para aquellos que le aman.

> *1 Corintios 2:9*
> *Antes bien, como está escrito: Cosas que ojo no vio, ni oído oyó, Ni han subido en corazón de hombre, Son las que Dios ha preparado para los que le aman.*

Existen innumerables promesas en la Palabra para el pueblo de Dios, sus hijos, sus escogidos, pero ninguna tan grandiosa como la promesa de que un día estaremos con Él en el cielo. Esta promesa solo la alcanzaremos mediante un cambio de vida y perseverando hasta el final.

> *Hebreos 12:1*
> *Por tanto, nosotros también, teniendo en derredor nuestra tan grande nube de testigos, despojémonos de todo peso y del pecado que nos asedia, y corramos con paciencia la carrera que tenemos por delante.*

En el largo camino de la vida, enfrentaremos numerosas aflicciones, pero al dirigir nuestra mirada hacia Jesús, podemos perseverar y ganar la carrera, recibiendo la herencia que nos corresponde. La decisión está en nuestras manos; podemos luchar con honor, obtener la victoria y disfrutar de una eternidad placentera junto a nuestro Dios. O, por el contrario, podemos rendirnos ahora, conformándonos con lo poco que podamos alcanzar en esta vida y enfrentando la certeza de una eternidad lejos de la presencia de Dios, que constituye el peor castigo, ya que, sin la presencia de Dios, carecemos de todo.

- Punto de Reflexión / Preguntas
- Ofrenda / Anuncios / Peticiones
- Oración final

Notas:

_____

_____

_____

_____

_____

_____

Tema 38

NECESITAMOS UNA COBERTURA ESPIRITUAL

En momentos de soledad, ¿qué es lo que te hace sentir seguro o protegido?

Salmos 91:4
Con sus plumas te cubrirá, Y debajo de sus alas estarás seguro; Escudo y adarga es su verdad.

La cobertura es algo que abriga un objeto o persona. Similar a un techo que nos protege de la lluvia. La cobertura espiritual es la acción soberana de Dios para proteger a su creación y a sus hijos.

Es crucial contar con coberturas en nuestras vidas, siendo la primera y más fundamental la de Dios. Para ello, es necesario comprender el orden adecuado de cada una de ellas.

Ejemplo:

La cobertura de Dios
Es la que todos queremos tener, pero es difícil algunas veces porque no queremos obedecer Sus mandamientos y caminar en integridad.

La cobertura familiar

Dentro de esta cobertura, existe un orden que debe cumplirse:

1. Cristo debe ser la cabeza del varón (1 Corintios 11:3).
2. El varón es la cabeza o autoridad designada por Dios sobre la mujer (Efesios 5:22-23).
3. El hombre y la mujer, como padres, son cobertura para sus hijos (Efesios 6:4).
4. Los hijos, al ser sumisos, alcanzarán la cobertura espiritual de Dios (Efesios 6:1-3).

A menudo deseamos la cobertura de Dios, pero resistimos reconocer Su autoridad y dirección en nuestras vidas. Para experimentar la cobertura divina, es esencial establecer una comunicación constante con Él mediante la obediencia, la oración, el ayuno, la consagración y congregarnos. No hay nada más hermoso que estar envueltos por la protección de la sangre de Cristo. Es una bendición extraordinaria contar con una cobertura sobrenatural.

Es evidente cuando la cobertura de Dios no está presente en medio de desastres.

La cobertura de Dios:

A. Trae paz en el corazón

B. Nos libra de muchos peligros

Si contamos con la cobertura de Dios, es fundamental cuidarla, ya que podemos perderla al cometer acciones indebidas (pecado) o al desobedecer Sus mandamientos. Reconozcamos y examinemos nuestros corazones y nuestro estilo de vida, acerquémonos a Dios y busquemos esa cobertura espiritual, porque es esencial para nosotros.

- Punto de Reflexión / Preguntas
- Ofrenda / Anuncios / Peticiones
- Oración final

Notas:

_____

_____

_____

_____

_____

_____

_____

_____

Tema 39

VIENDO LO INVISIBLE EN LO VISIBLE

¿Qué es lo que más le ha asombrado en toda su vida?

Dios creó el mundo y todo lo que hay en él con un propósito: para que el ser humano pudiera contemplar las maravillas de Dios. En el principio, Dios estableció un paraíso para que el hombre lo considerara su hogar y lo gobernara. A medida que el tiempo transcurría, en lugar de contemplar y admirar lo que Dios había creado, el ser humano se encargó de destruirlo. No obstante, el propósito original del Señor era que la tierra reflejara lo que existe en el cielo.

> *Romanos 1:20*
> *Porque las cosas invisibles de él, su eterno poder y deidad, se hacen claramente visibles desde la creación del mundo, siendo entendidas por medio de las cosas hechas, de modo que no tienen excusa.*

Necesitamos cultivar el sentido del asombro, similar a cuando un ciego recupera la vista y se adentra en un nuevo mundo lleno de maravillas, observando con asombro todo lo que le rodea. De manera similar, un niño se maravilla ante cada cosa nueva. Si no cultivamos esa actitud, nos perderemos la entrada a ese hermoso reino que nos aguarda.

Dios creó innumerables maravillas para que las admiremos: desde las imponentes montañas hasta las brillantes estrellas, las olas del mar, las flores del campo, los pájaros, los peces y mucho más. En resumen, existe una vastedad de creaciones divinas por las cuales, al igual que el salmista, debemos expresar nuestro asombro y gratitud.

Salmos 139:14
Te alabaré; porque formidables, maravillosas son tus obras; Estoy maravillado, Y mi alma lo sabe muy bien.

La admiración es una necesidad en nuestras vidas. Sin admiración, no hay adoración. ¿Cómo podríamos adorar a un Dios que ni siquiera admiramos? No nos asombra lo que hace ni lo que nos brinda diariamente.

Para adorar a este Dios que es responsable de crear todas las cosas, tanto las que vemos como las que no vemos, es necesario purificarnos espiritual, física, moral y mentalmente. Un cerebro y ojos sanos, un espíritu limpio, y un alma y cuerpo limpios nos permitirán expresar de manera más natural nuestra adoración hacia Dios.

Salmos 77:14
Tú eres el Dios que hace maravillas; Hiciste notorio en los pueblos tu poder.

Cada mañana, al despertarnos, deberíamos tomarnos un momento para agradecer y reconocer el amor que Dios ha tenido para con nosotros. A pesar de nuestras faltas, en Su infinita misericordia nos permite iniciar un nuevo capítulo en nuestras vidas. Necesitamos aprender a percibir lo invisible en lo visible, comprendiendo que las bendiciones que Dios tiene preparadas para nosotros son mucho mayores de lo que podemos imaginar.

Jeremías 29:11
Porque yo sé los pensamientos que tengo acerca de vosotros, dice Jehová, pensamientos de paz, y no de mal, para daros el fin que esperáis.

- Punto de Reflexión / Preguntas
- Ofrenda / Anuncios / Peticiones
- Oración final

Notas:

_____

_____

_____

_____

_____

_____

_____

Tema 40
EL PODER DE LA UNIDAD

¿Cuál sería el resultado de la unidad en algún trabajo?

1 Pedro 3:8-9
Finalmente, sed todos de un mismo sentir, compasivos, amándoos fraternalmente, misericordioso, amigables; no devolviendo mal por mal, ni maldición por maldición, sino por el contrario, bendiciendo, sabiendo que fuisteis llamados para que heredaseis bendición.

La unidad es esencial en cualquier ámbito laboral o relación personal. Donde no se practica la unidad, los resultados tienden a ser fracasos. La unidad tiene una gran importancia para nosotros, y Dios nos brindó un ejemplo de ello.

Eclesiastés 4-9
Mejores son dos que uno; porque tienen mejor paga de su trabajo.

La unidad tiene el poder de sanar toda clase de amargura, enojo, pleitos, distanciamientos, entre otras cosas. Sin embargo, la falta de unidad en el trabajo, la familia, la iglesia, la sociedad, inevitablemente conlleva a pleitos, envidias, fracasos, desacuerdos y, lo más importante, la ausencia de resultados positivos.

Para tener éxito en tu trabajo, es crucial alinearte con la visión de tu jefe. En el ámbito familiar, el éxito viene al mantener la unidad con los miembros. En una iglesia, obtener resultados positivos implica alinearse con la visión divina que el pastor lidera. La fuerza radica en la unidad. La Palabra de Dios nos brinda valiosas enseñanzas sobre la importancia de la unidad. Cuando un pueblo se une para alabar a Dios, cosas grandiosas suceden.

> Hechos 2:1
> *Cuando llegó el día de Pentecostés, estaban todos unánimes juntos.2 Y de repente vino del cielo un estruendo como de un viento recio que soplaba, el cual llenó toda la casa donde estaban sentados.*

Dios no solo se glorifica en la unidad de la iglesia, sino también cuando observa un espíritu de unidad en ti. La unidad conlleva beneficios y la bendición de Dios. Él ama la unidad y nos instruye a practicarla en nuestras vidas. Un país unido produce mejores resultados. De igual manera, una iglesia unida experimenta resultados positivos.

> *Salmos 133:1*
> *¡Mirad cuán bueno y cuán delicioso es Habitar los hermanos juntos en armonía!*

La unidad trae sanidad, crecimiento, bendición, rompe ataduras en nuestras vidas, genera gozo y paz. Es esencial para cualquier éxito. Dios busca hombres y mujeres que trabajen unidos por una misma causa. Tener unidad en nosotros es una bendición en todo lo que emprendemos. Practiquemos la unidad cada día en todas las áreas de nuestra vida y veremos resultados extraordinarios.

Tema 41

LLAMADOS

¿Cuál ha sido la mayor bendición que ha dejado una huella en tu vida?

Todos fuimos llamados por Dios, quien nos concedió una salvación grandiosa al pagar por nuestros pecados. Solo es cuestión de aceptarla y creer en ella. Existe un sacrificio que complace a Dios, una ofrenda que Él no rechaza, y esa es un espíritu quebrantado, un corazón contrito y humilde.

Salmos 51:17
Los sacrificios de Dios son el espíritu quebrantado; Al corazón contrito y humillado no despreciarás tú, oh Dios.

Rendirnos ante Dios es crucial, ya que reconocemos que sin Él no somos nada. Nadie puede acercarse a Dios con altivez, pretendiendo presentarse para recibir bendiciones, sin antes humillarse y reconocer que por Él todas las cosas existen y fueron creadas.

Santiago 4:10
Humillaos delante del Señor, y él os exaltará.

Es crucial tomar en serio lo que el Señor nos comunica en Su palabra. Él se complace cuando lo honramos y nos exalta. Hay un ejemplo de un hombre que creía que, al no participar en ciertas prácticas, no necesitaba humillarse ante Dios.

> *Lucas 18:11-12*
> *El fariseo, puesto en pie, oraba consigo mismo de esta manera: Dios, te doy gracias porque no soy como los otros hombres, ladrones, injustos, adúlteros, ni aun como este publicano; ayuno dos veces a la semana, doy diezmos de todo lo que gano.*

Lo que había realmente en el corazón de este hombre era orgullo, soberbia y vanidad.

> *Santiago 4:6*
> *Pero él da mayor gracia. Por esto dice: Dios resiste a los soberbios, y da gracia a los humildes.*

La humildad consiste en reconocer quiénes somos y quién es Dios en comparación con nosotros. Si deseamos acercarnos a Dios y que Él nos reciba, es necesario hacerlo con humildad, dejando a un lado toda arrogancia y orgullo. Esto implica reconocer que sin Él no somos nada y que Él es nuestra autoridad.

Vamos a Dios con sinceridad, sin pretender nada. Él conoce nuestros pensamientos y nuestra vida por completo. Cuando intentamos engañar a Dios, pensando que podemos salir adelante sin Él, negamos la necesidad de su favor, gracia y misericordia. Dios no intervendrá en la vida de nadie a menos que estemos dispuestos a invitarlo.

Acercarnos a Dios con determinación es clave. Dios promete una vida llena de bendiciones si lo hacemos, pero es imperativo hacerlo con humildad y sinceridad. Aún hoy, Dios nos sigue llamando.

- Punto de Reflexión / Preguntas
- Ofrenda / Anuncios / Peticiones
- Oración final

Notas:

_____

_____

_____

_____

_____

_____

_____

_____

_____

Tema 42

EL SILENCIO DE DIOS

¿Alguna vez te ha tocado esperar por algo que anhelabas?

Es maravilloso adorar a Dios cuando todo en nuestras vidas marcha perfectamente: nuestros seres queridos están saludables, hay comida en nuestra mesa, y contamos con el apoyo de amigos y familia. En esos momentos, adorar a Dios es fácil. Sin embargo, ¿qué sucede cuando las circunstancias no son tan favorables? ¿Qué ocurre cuando parece que Dios está distante y no responde a nuestras oraciones? ¿Qué hacemos cuando parece que Dios guarda silencio?

> *2 Crónicas 32:31 NTV*
> *Sin embargo, cuando llegaron embajadores de Babilonia para preguntar por los sorprendentes acontecimientos que habían ocurrido en la tierra, Dios se apartó de Ezequías para ponerlo a prueba y ver lo que realmente había en su corazón.*

En ocasiones, Dios puede parecer ausente, y en nuestra desesperación, lo que Él desea ver es lo que realmente hay en nuestro corazón. Debemos comprender que, aunque Él permanezca en silencio, siempre está cerca, ya que es una promesa para todos los que le aman.

En esos momentos de dudas, enojo, temor, dolor y confusión, debemos actuar como lo hizo Job.

Job 7:11
Por tanto, no refrenaré mi boca; Hablaré en la angustia de mi espíritu, Y me quejaré con la amargura de mi alma.

Es posible confiar en Dios y sentirnos afligidos al mismo tiempo. Cuando reconocemos nuestra aflicción ante Dios, nos ayuda a afinar nuestra fe y a confiar más en Él.

En la vida de Job, durante todas las tragedias que enfrentó, Dios se mantuvo en silencio, pero Job siempre encontró motivos para alabar a Dios. Dios sabe por lo que estamos pasando, se interesa en nosotros, tiene un plan para nuestra vida y, lo más importante, ¡Dios nos ama!

Job 10:11-12
Me vestiste de piel y carne, Y me tejiste con huesos y nervios. Vida y misericordia me concediste, Y tu cuidado guardó mi espíritu.

Cuando experimentemos la ausencia de Dios, es crucial seguir dependiendo de Su Palabra y reconocer que todo lo que sucede en nuestras vidas es según Su determinación. Debemos esperar pacientemente en Sus promesas, ya que incluso la muerte misma llega según la voluntad de Dios.

Job 13:15
He aquí, aunque él me matare, en él esperaré; No obstante, defenderé delante de él mis caminos.

Tema 43
VIVIENDO EN UNA ZONA DE COMBATE

¿Cómo piensas que se prepara un soldado para ir a una guerra?

Todos enfrentamos una lucha o combate. Esta lucha no es contra nuestros semejantes, sino contra huestes espirituales de maldad.

> *Efesios 6:12*
> *Porque no tenemos lucha contra sangre y carne, sino contra principados, contra potestades, contra los gobernadores de las tinieblas de este siglo, contra huestes espirituales de maldad en las regiones celestes.*

Al tener conciencia de esta lucha constante en nuestras vidas, comprendemos por qué las cosas no siempre salen como quisiéramos, especialmente cuando nuestro objetivo es buscar o acercarnos más a Dios.

Estamos siendo vigilados espiritualmente tanto por los ángeles de Dios como por los demonios. Estos últimos son los que obstaculizan nuestro acercamiento diario a Dios. A veces, expresamos el deseo de cambiar, de hacer las cosas bien, de buscar a Dios, de dejar vicios o adicciones. Sin embargo, en algún momento, algo sucede y volvemos a caer en los mismos patrones, sin saber cómo salir de ahí. Por nuestra cuenta, no podemos lograrlo. Solo cuando reconocemos sinceramente que no podemos salir solos y necesitamos la ayuda y la mano de Dios, podemos levantarnos.

Llegamos al punto en el que reconocemos que nuestra vida está en medio de un combate. Debemos decidir si luchamos para ganar o nos quedamos ahí para morir. Al elegir luchar contra los demonios, Dios mismo nos provee de armaduras y nos equipa como buenos soldados de Jesucristo para enfrentarnos al enemigo.

> *Efesios 6:13*
> *Por tanto, tomad toda la amargura de Dios, para que podáis resistir en el día malo, y habiendo acabado todo, estar firmes.*

Una vez que has obtenido la victoria, mantente firme perseverando y buscando al Señor cada día hasta el final, hasta que Él venga por Su pueblo. Cuando una persona busca constantemente al Señor, Dios envía ángeles para protegerla de cualquier ataque. Especialmente si ese soldado está bien equipado, no cualquiera puede engañarlo, y ningún problema debilita su fe. Este soldado está cubierto con la Sangre de Cristo, siempre y cuando tenga conocimiento de que se encuentra en un campo de batalla espiritual.

Lo que compone nuestra armadura incluye: la oración, la obediencia, la lectura de la Palabra de Dios, el ayuno, el congregarnos y la fe. El enemigo no cesará en su intento de molestarnos para que soltemos las armaduras de Dios, ya que solo con ellas podemos vencerlo.

Seamos soldados de Jesucristo. Cerremos todas las puertas al enemigo en nuestras vidas. Dios está llamando a personas que peleen contra Satanás. Él tiene la armadura y quiere equiparte. Pelea por tu vida, por tu familia.

- Punto de Reflexión / Preguntas
- Ofrenda / Anuncios / Peticiones
- Oración final

Notas:

_____

_____

_____

_____

_____

_____

_____

_____

_____

Tema 44

BATALLA MENTAL

Cuando alguien te dice: -Me gustaría hablar contigo mañana,
¿Cuál sería tu primer pensamiento?

La Biblia habla del corazón, las emociones y el intelecto.

> *Proverbios 23:7*
> *Porque cuál es su pensamiento en su corazón, tal es él.*

Como seres humanos, tenemos la responsabilidad de proteger
nuestra mente contra pensamientos negativos y ataques dirigidos
tanto hacia nosotros mismos como hacia los demás. El diablo es
el único que manipula nuestra mente al introducir pensamientos
negativos. Si no fortalecemos nuestra resistencia mental,
corremos el riesgo de creer en todo lo malo y negativo que él
siembra en nosotros.

Algunas personas han experimentado pensamientos suicidas,
pensamientos que no construyen, como creer que uno es un
fracaso, que no tiene futuro, o que todo está perdido. Estos
pensamientos conducen a la frustración, la depresión, la tristeza
y la ansiedad. En muchas ocasiones, la persona se hace daño a
sí misma o a quienes la rodean, sin darse cuenta de que esos
pensamientos negativos fueron sembrados en su mente por el
enemigo. Caen en la trampa sin ser conscientes de ello.

Tenemos el poder de controlar nuestros pensamientos y sentimientos. Es crucial manejar nuestros ojos, labios y oídos, ya que somos quienes decidimos qué ver, escuchar y decir. Es importante no cerrarnos en una burbuja mental hasta que tengamos respuestas claras a nuestras expectativas.

Existen pensamientos que alimentan nuestra naturaleza pecaminosa y carnal, llevándonos a cometer errores. Observar cosas poco saludables o participar en acciones indebidas nos sumerge en situaciones de las cuales no es fácil salir.

En esos momentos, podemos sentirnos atrapados, creyendo que no hay escape, ya que estas conductas se convierten en adicciones. Sin embargo, es fundamental entender que solo nuestro Señor Jesucristo tiene el poder de romper esas cadenas si decidimos entregarle el control de nuestras vidas.

> *Romanos 13:14*
> *...sino vestíos del Señor Jesucristo, y no proveáis para los deseos de la carne.*

Todo comienza con un pensamiento, ya sea positivo o negativo. Este elemento define la persona que somos o aspiramos a ser.

> *Proverbios 4:25*
> *Tus ojos miren lo recto, y diríjanse tus párpados hacia lo que tienes delante.*

Espero que lo que tenemos frente a nosotros sean las bendiciones que nuestro Dios nos ofrece, siendo revestidos de su poder.

Salmos 101:2
Entenderé el camino de la perfección Cuando vengas a mí.
En la integridad de mi corazón andaré en medio de mi casa.

Recuerda que el enemigo ataca tus pensamientos si le das espacio. Sin embargo, Dios nos protege de esos pensamientos negativos, otorgándonos el poder para vencerlos.

Dependemos de Dios para superar cada *ataque y dardo del enemigo.* Que nuestros pensamientos reflejen los de nuestro Señor Jesús, manteniendo sana nuestra mente.

- Punto de Reflexión / Preguntas
- Ofrenda / Anuncios / Peticiones
- Oración final

Notas

_____

_____

_____

_____

_____

_____

Tema 45

UN REFUGIO SEGURO

¿Por qué crees que es crucial buscar refugio en un lugar seguro durante un huracán?

Isaías 32:2
Y será aquel varón como escondedero contra el viento, y como refugio contra el turbión; como arroyos de aguas en tierra de sequedad, como sombra de gran peñasco en tierra calurosa.

El ser humano reconoce la importancia de contar con un refugio seguro. Desde tiempos antiguos, ha ampliado su conocimiento desarrollando diversas construcciones como casas, edificios, murallas y fortalezas, con el propósito de resguardarse de elementos como el viento, la lluvia, las temperaturas extremas e incluso de posibles amenazas. Aunque ha tenido éxito en parte, no ha alcanzado una protección total.

Salmos 36:7-9

¡Cuán preciosa, oh Dios, es tu misericordia! Por eso los hijos de los hombres se amparan bajo la sombra de tus alas. Serán completamente saciados de la grosura de tu casa, Y tú los abrevarás del torrente de tus delicias. Porque contigo está el manantial de la vida; En tu luz veremos la luz.

Para nosotros, todo esfuerzo por conseguir ese refugio perfecto siempre será limitado. Solo el Señor puede darnos la seguridad que tanto anhelamos.

Salmos 91:1-4

El que habita al abrigo del Altísimo Morará bajo la sombra del Omnipotente. Diré yo a Jehová: Esperanza mía, y castillo mío; Mi Dios, en quien confiaré. Él te librará del lazo del cazador, De la peste destructora. Con sus plumas te cubrirá, Y debajo de sus alas estarás seguro; Escudo y adarga es su verdad.

La palabra de Dios nos enseña que vivimos en un entorno espiritual. Huestes espirituales de maldad nos rodean y buscan destruir nuestros hogares y robarnos la paz. Por lo tanto, debemos comprender que la victoria no se logrará mediante armas carnales, sino espirituales; es decir, las armas que solo el Señor Jesús nos puede proporcionar, ya que el mundo no tiene acceso a ellas.

Isaías 26:3-4
Tú guardarás en completa paz a aquel cuyo pensamiento en ti persevera; porque en ti ha confiado. Confiad en Jehová perpetuamente, porque en Jehová el Señor está la fortaleza de los siglos.

Si conocemos al Señor y confiamos en Él, podemos comprender que solo Él nos proporciona seguridad plena. Aunque todo en nuestra vida parezca sombrío, Él permanecerá como la luz de la esperanza; incluso cuando creamos que no hay salida, Él abrirá puertas de bendición para nosotros. Lo más importante es refugiarnos en Él, ya que Su paz siempre estará presente en nuestro corazón.

Juan 14:27
La paz os dejo, mi paz os doy; yo no os la doy como el mundo la da. No se turbe vuestro corazón, ni tenga miedo.

- Punto de Reflexión / Preguntas
- Ofrenda / Anuncios / Peticiones
- Oración final

Notas:

_____

_____

_____

_____

Tema 46

DEJA TU CÁNTARO

¿Qué hace usted cuando se le llena la memoria de su teléfono?

Cuando la memoria de un teléfono se satura y ya no podemos descargar más aplicaciones, tomar fotos o recibir mensajes, la primera reacción es comenzar a borrar cosas para liberar espacio y permitir que el teléfono recupere su funcionalidad.

De manera similar, en el ámbito espiritual, cuando nos llenamos de sentimientos como la vergüenza, la culpabilidad y el rechazo, nos volvemos incapaces de cumplir con el propósito para el cual Dios nos diseñó. Es necesario permitir que Dios entre, limpie y transforme nuestras vidas.

> *Juan 4:16-18*
> *Jesús le dijo: Ve, llama a tu marido, y ven acá. Respondió la mujer y dijo: No tengo marido. Jesús le dijo: Bien has dicho: No tengo marido; porque cinco maridos has tenido, y el que ahora tienes no es tu marido; esto has dicho con verdad.*

No fue casualidad, un error ni para avergonzarla que Jesús le pidió a la mujer samaritana que llamara a su marido. Él conocía perfectamente la condición de esta mujer y anticipaba cuál sería su respuesta.

Jesús lo hizo intencionalmente y con un propósito específico. Solo buscaba que ella reconociera su situación, fuera honesta y expresara lo que posiblemente había reprimido durante años. Al confesárselo a Jesús, estaba sacando a la luz cosas de su corazón y abriendo espacio para que Dios pudiera entrar, limpiar y transformar su vida.

Cuando nos desahogamos con un amigo en ocasiones, ¿cómo nos sentimos?

Esta mujer conocía el peso de sentirse rechazada por la sociedad, avergonzada y culpable debido a su estilo de vida. Sin embargo, Jesús quería ofrecerle aceptación, perdón y libertad.

Juan 4:28-29
Entonces la mujer dejó su cántaro, y fue a la ciudad, y dijo a los hombres: Venid, ved a un hombre que me ha dicho todo cuanto he hecho. ¿No será este el Cristo?

El cántaro simboliza su antigua vida, el rechazo y la culpabilidad que había llevado durante mucho tiempo. En el momento en que tuvo su encuentro transformador con Jesús, dejó lo que estaba haciendo y cargando (su cántaro). Se apresuró a dar testimonio de lo que Dios había hecho en su vida.

Juan 4:39

Y muchos de los samaritanos de aquella ciudad creyeron en él por la palabra de la mujer, que daba testimonio diciendo: Me dijo todo lo que he hecho.

A Jesús no le importa nuestra condición; su deseo es que nos vaciemos ante Él y le permitamos entrar en nuestros corazones. Él tiene el poder de restaurarnos y llevarnos de vuelta al propósito para el cual nos creó, tal como lo hizo con la mujer samaritana.

- Punto de Reflexión / Preguntas
- Ofrenda / Anuncios / Peticiones
- Oración final

Notas:

_____

_____

_____

_____

_____

_____

_____

Tema 47

NO RECHACES LA AYUDA DE DIOS

¿Alguna vez ha querido ayudar a alguien, que no quiere aceptar su ayuda?, ¿Cómo se sintió?

Hebreos 11:6
Pero sin fe es imposible agradar a Dios; porque es necesario que el que se acerca a Dios crea que le hay, y que es galardonador de los que le buscan.

La fe es confiar en que todo va a estar bien, sin importar que a nuestro alrededor todo se esté desmoronando. Todos en algún momento de nuestra vida hemos necesitado o necesitaremos ayuda, alguien que nos escuche, un abrazo, un hombro sobre el cual llorar, pero sobre todo una palabra de aliento.

Salmos 103:13-14
Como el padre se compadece de los hijos, Se compadece Jehová de los que le temen. Porque él conoce nuestra condición; Se acuerda de que somos polvo.

El Señor Jesús siempre será nuestra mejor opción en los momentos de angustia. Como seres humanos, a menudo tardamos en aceptar Su ayuda. Cuando nos damos cuenta de que el dinero no puede resolver nuestra situación, recurrimos a la ayuda de Dios. También, cuando el médico nos informa que ya no hay más soluciones posibles, es entonces cuando corremos a los brazos de nuestro Padre.

Lucas 15:18
Me levantaré e iré a mi padre, y le diré: Padre, he pecado contra el cielo y contra ti.

En medio de la necesidad, fue cuando este hombre confesó y reconoció cuánto necesitaba de su Padre. Esta parábola a menudo refleja nuestra propia vida cuando resistimos aceptar la ayuda de Dios.

Nos resulta difícil admitir que estamos en problemas y optamos por llevar una vida de apariencia, usando una máscara para ocultar nuestra verdadera condición. Buscamos a Dios solo cuando nos estamos hundiendo en el mar de la desesperación. No es necesario llegar al fondo. Si aprendemos a reconocer a tiempo que necesitamos a Dios y su favor en todas las áreas de nuestra vida, comprenderemos el valor de Su ayuda y podremos vivir una vida plena y en paz.

Hebreos 13:6
…de manera que podemos decir confiadamente: El Señor es mi ayudador; no temeré lo que me pueda hacer el hombre.

Jesús es nuestro auxilio, y lo único que espera de nosotros es que siempre lo elijamos como nuestra primera opción, para mostrarnos que, sin importar cuán difícil sea nuestra prueba, Él siempre nos conducirá hacia la victoria.

Tema 48

NO VIVAS EN EL PASADO

¿Ha vivido algún episodio en su vida que se le ha hecho difícil olvidar?

> *Génesis 19:17*
> *Y cuando los hubieron llevado fuera, dijeron: Escapa por tu vida; no mires tras ti, ni pares en toda esta llanura; escapa al monte, no sea que perezcas.*

Lot recibió una advertencia para preservar su vida, un consejo que su esposa rechazó. Mientras huía, su atención se desvió y su desenlace no fue el esperado. De manera similar, a veces nosotros, a pesar de saber que lo que dejamos atrás no es bueno, seguimos mirando hacia atrás y nos quedamos estancados en un lugar del cual no podemos liberarnos.

> *Romanos 3:25*
> *...a quien Dios puso como propiciación por medio de la fe en su sangre, para manifestar su justicia, a causa de haber pasado por alto, en su paciencia, los pecados pasados.*

El enemigo de nuestras almas utiliza nuestro pasado para avergonzarnos y obstaculizar nuestro avance hacia el lugar al que el Señor nos quiere llevar. Sin embargo, Jesús, en Su infinita misericordia, dio su vida por nosotros y nos permite ser purificados cuando nos arrepentimos y decidimos aceptarlo como nuestro Salvador y único Dios.

La Escritura nos enseña que Él no recuerda nuestro pasado, y de la misma manera debemos actuar para vivir plenamente la nueva vida que el Señor nos ofrece.

> *Isaías 43:18-19*
> *No os acordéis de las cosas pasadas, ni traigáis a memoria las cosas antiguas. He aquí que yo hago cosa nueva; pronto saldrá a luz; ¿no la conoceréis? Otra vez abriré camino en el desierto, y ríos en la soledad.*

El corazón humano es propenso a albergar diversos sentimientos negativos. Con frecuencia, los que destacan son los rencores, las decepciones y la falta de perdón, dando lugar al crecimiento de una raíz de amargura, todo como consecuencia de un pasado que nos cuesta soltar.

Es cierto que reconocemos que hemos sido heridos, pero eso no nos da justificación para seguir llevando el peso del dolor al punto de afectar tanto nuestro presente como el de las personas que nos rodean.

> *Filipenses 3:13-14*
> *Hermanos, yo mismo no pretendo haberlo ya alcanzado; pero una cosa hago: olvidando ciertamente lo que queda atrás, y extendiéndome a lo que está delante, prosigo a la meta, al premio del supremo llamamiento de Dios en Cristo Jesús.*

No tenemos un control absoluto sobre nuestros pensamientos, y recordar puede ser inevitable. Sin embargo, sí podemos cambiar la forma en que los enfrentamos en lugar de permitir que los recuerdos dolorosos tomen el control. Enfoquémonos en las victorias que el Señor ya ha entregado en nuestras vidas, ya que esto nos fortalece y nos llena de paz. Aferremos nuestras vidas a Sus promesas y vivamos de acuerdo con Su voluntad.

Evitemos vivir atrapados en un pasado oscuro que solo busca destruirnos. Tratemos de dejar atrás lo que no nos beneficia y concentremos nuestra atención en un presente pleno, lleno de luz y amor.

- Punto de Reflexión / Preguntas
- Ofrenda / Anuncios / Peticiones
- Oración final

Notas:

_____

_____

_____

_____

_____

Tema 49

UN AGRADECIMIENTO VISIBLE

¿De qué manera puedes demostrar agradecimiento?

Hechos 3:6-8
Mas Pedro dijo: No tengo plata ni oro, pero lo que tengo te doy; en el nombre de Jesucristo de Nazaret, levántate y anda. Y tomándole por la mano derecha le levantó; y al momento se le afirmaron los pies y tobillos; y saltando, se puso en pie y anduvo; y entró con ellos en el templo, andando, y saltando, y alabando a Dios.

La historia de este hombre nos enseña la importancia de expresar nuestro agradecimiento a Dios. Según Su palabra, este hombre era cojo de nacimiento, y su vida estuvo marcada por la resignación y el conformismo.

Pedro y Juan, discípulos del Señor, al ver la necesidad de este hombre, le ofrecieron lo que tenían: el respaldo y la unción de Dios. A través de una oración, este hombre cojo experimentó un milagro. Sus pies fueron fortalecidos, comenzó a caminar y, no solo eso, entró al templo danzando y alabando a Dios.

La gratitud de este hombre era evidente. Muchos notaron el cambio en la vida de aquel cojo que solía pedir limosna fuera del templo. Su rostro reflejaba alegría, ya que cuando Dios actúa en nuestras vidas, se manifiesta la felicidad, la danza y el agradecimiento, visibles para todos.

Un ejemplo ilustrativo sería el regalo de algo deseado durante mucho tiempo. La expresión de alegría se manifiesta con sonrisas y posiblemente con entusiasmo. En contraste, si el regalo no es de nuestro agrado, la expresión será diferente y la alegría será limitada. Sin embargo, lo que Dios nos regala es infinitamente más valioso que cualquier cosa en esta tierra.

Este hombre podría haber recibido su milagro y seguir cojeando, ya que esa fue su realidad durante toda su vida. Sin embargo, anhelaba caminar para poder realizar las cosas que tenía planeadas en su corazón.

Al recibir su milagro, hizo exactamente lo que deseaba: caminar, danzar y alabar a Dios. No regresó a su casa ni buscó a sus familiares; en cambio, se dirigió directamente al templo, sin cojear, creyendo que estaba sano y libre. Entró danzando, proclamando y expresando su agradecimiento con alegría.

A menudo, hay personas que están espiritualmente sanas, pero continúan "cojeando" debido a la resistencia al cambio. Al igual que en lo espiritual, nos aferramos a viejas costumbres en lugar de abrazar nuestra nueva identidad en Cristo.

Dios ya nos hizo libres y nos rescató de nuestras antiguas circunstancias. Si Él ha obrado en tu vida, es crucial manifestar un agradecimiento visible, dando testimonio de cómo nuestro Dios transforma nuestro lamento en danza.

Salmos 30:11
Has cambiado mi lamento en baile; Desataste mi cilicio, y me ceñiste de alegría.

El hombre cojo expresó su gratitud a Dios mediante la alabanza, no limitándose a quedarse de pie, sino saltando, danzando y alabando. Tu alabanza es una forma de expresar agradecimiento. Permite que todos vean que Cristo ha obrado en tu vida, de la misma manera en que el hombre cojo lo hizo.

- Punto de Reflexión / Preguntas
- Ofrenda / Anuncios / Peticiones
- Oración final

Notas:

_____

_____

_____

_____

_____

_____

Tema 50

UNA BUENA PROGRAMACIÓN

¿Cuán beneficiosa ha sido para ti la herramienta del Sistema de Posicionamiento Global (GPS, por sus siglas en inglés)?

1 Juan 2:15-17
No améis al mundo, ni las cosas que están en el mundo. Si alguno ama al mundo, el amor del Padre no está en él. Porque todo lo que hay en el mundo, los deseos de la carne, los deseos de los ojos, y la vanagloria de la vida, no proviene del Padre, sino del mundo. Y el mundo pasa, y sus deseos; pero el que hace la voluntad de Dios permanece para siempre.

Cuando nos desplazamos en automóvil o a pie hacia un destino desconocido, confiamos en el GPS de nuestros dispositivos móviles o en el sistema integrado en los vehículos para que nos guíen de manera precisa. Sin embargo, a veces depositamos una confianza excesiva en estos sistemas, lo que puede dar lugar a problemas.

Un hombre de Carolina del Norte perdió la vida en la carretera mientras cruzaba un puente que se encontraba derrumbado, de regreso a casa después de la celebración del noveno cumpleaños de su hija. Este hombre confiaba plenamente en las indicaciones del GPS para seguir la ruta, que en ese momento le indicaba que continuara recto.

Trágicamente, el GPS no estaba actualizado con la información del derrumbe, y el hombre no se dio cuenta de que la instrucción que seguía lo conduciría a su desenlace fatal, sumergiéndose en el fondo del río. Este incidente se relata en la demanda presentada por su familia ante el Tribunal Superior del Condado de Wake en Hickory.

A menudo, los medios de comunicación y las redes sociales nos muestran aspectos cotidianos y atractivos de la vida, pero somos nosotros quienes decidimos permitir o no que el mundo influya en nuestra forma de pensar según lo que incorporamos en nuestros pensamientos.

Si somos cuidadosos con la forma en que nos programamos, podremos manifestar actitudes positivas y acciones alineadas con principios espirituales, pero todo depende de exponernos a lo correcto para que nuestra mente pueda experimentar una renovación, como se refleja en la Palabra de Dios.

Efesios 4:23
... y renovaos en el espíritu de vuestra mente,

Salmos 51:10
Crea en mí, oh Dios, un corazón limpio y renueva un espíritu recto dentro de mí.

Podemos apartarnos fácilmente del buen camino y del pensamiento positivo si nos dejamos llevar por la manera en que este sistema intenta programarnos.

1 Timoteo 3:2-5
Porque habrá hombres amadores de sí mismos, avaros, vanagloriosos, soberbios, blasfemos, desobedientes a los padres, ingratos, impíos…No os conforméis a este siglo, sino transformaos por medio de la renovación de vuestro entendimiento.

- Punto de Reflexión / Preguntas
- Ofrenda / Anuncios / Peticiones
- Oración final

Notas:

_____

_____

_____

_____

_____

Tema 51
UN PRÍNCIPE VIVIENDO EN LA OSCURIDAD

Si tuvieras que describirte con una palabra, ¿cuál sería?

Se podría afirmar que la muerte de un ser querido es el acontecimiento más traumático en la vida de una persona, desencadenando una crisis emocional que se caracteriza por 5 etapas: negación, ira, negociación, depresión y, finalmente, aceptación. Muchos individuos se quedan estancados en la etapa de la depresión.

Diversos estudios indican que un niño que experimenta la pérdida de un ser querido o atraviesa un trauma tiene una mayor probabilidad de desarrollar problemas psicológicos como depresión, estrés postraumático y tendencias suicidas. Este fue el caso de Mefi-boset, hijo de Jonathan y nieto de Saúl.

> *2 Samuel 4:4*
> *Y Jonatán hijo de Saúl tenía un hijo lisiado de los pies. Tenía cinco años de edad cuando llegó de Jezreel la noticia de la muerte de Saúl y de Jonatán, y su nodriza le tomó y huyó; y mientras iba huyendo apresuradamente, se le cayó el niño y quedó cojo. Su nombre era Mefi-boset.*

Mefi-boset, con apenas 5 años, enfrentó la pérdida de su abuelo y su padre en el mismo día, sumido en circunstancias desgarradoras. Su padre, Jonathan, cayó en batalla a manos de los filisteos, mientras que su abuelo, Saúl, se quitó la vida al presenciar la derrota y la muerte de sus hijos. Estas tragedias no fueron el resultado de causas naturales; Mefi-boset perdió a sus seres queridos debido a acciones ajenas.

Muchas de nuestras heridas emocionales se originan en traumas sufridos durante la niñez o la adolescencia, como la pérdida de un ser querido, la ausencia de un padre o madre, o el abuso físico/sexual/verbal que nos afecta hasta la adultez. Estas experiencias, que nunca deberían haber ocurrido, son difíciles de comprender. Nos vemos heridos y dañados debido a las acciones de otros.

Quizás a lo largo de tu vida, te ha resultado difícil expresar o brindar amor por el temor a perder a alguien o ser abandonado. Tal vez has evitado relaciones o amistades por miedo a ser lastimado.

Puede que te encuentres en un ciclo en el que abandonas, lastimas o no amas, simplemente replicando lo que has recibido. En tiempos antiguos, cuando un rey moría o era asesinado, la nueva dinastía solía eliminar a todos sus descendientes. Similarmente, la nodriza de Mefi-boset lo tomó y huyó, tratando de protegerlo. En nuestra vida, a menudo huimos de nuestros problemas, traumas o emociones con la esperanza de protegernos o evitar un colapso. Sin embargo, esta evasión solo nos causa más dolor y nos impide vivir una vida plena y con propósito.

"De Merib-baal a Mefi-boset"

Originalmente, el nombre de este niño era Merib-Baal, que significa *"el que nació para vencer/ser guerrero"*. Sin embargo, después del trauma que experimentó, su nombre fue cambiado a Mefi-boset, que significa *"el que esparce vergüenza"*. Además del dolor por la pérdida de sus seres queridos y posiblemente sentirse inútil por su cojera, cada vez que pronunciaban su nombre, le recordaban que era una vergüenza. Llegó un momento en el que empezó a creerlo y lo aceptó.

> *2 Samuel 9:8*
> *Y él inclinándose, dijo: ¿Quién es tu siervo, para que mires a un perro muerto como yo?*

En este versículo, podemos observar cuánto impactó a Mefi-boset todo lo que le sucedió, dejando su autoestima gravemente afectada. De manera similar, muchos de nosotros ya no somos los mismos después de enfrentar traumas, perdiendo la batalla en nuestra mente.

Mefi-boset residía en Lodebar; después de huir, se refugió en ese lugar desolado, cuyo significado es "tierra sin pastos", un territorio seco y silencioso. A pesar de ser nieto del Rey Saúl y, por ende, un príncipe, Mefi-boset no debería haber estado en Lodebar. Sin embargo, perdió su identidad y adoptó una que no le correspondía.

> *1 Pedro 2:9*
> *Más vosotros sois linaje escogido, real sacerdocio, nación santa, pueblo adquirido por Dios, para que anunciéis las virtudes de aquel que os llamó de las tinieblas a su luz admirable.*

Somos hijos de un Rey, somos príncipes, y no estamos destinados a Lodebar. El Señor Jesús ya pagó el precio con Su sangre para sacarnos de ese lugar oscuro y llevarnos a un sitio lleno de luz.

>*Samuel 9:7*
>*Y le dijo David: No tengas temor, porque yo a la verdad haré contigo misericordia por amor de Jonatán tu padre, y te devolveré todas las tierras de Saúl tu padre; y tú comerás siempre a mi mesa.*

La Biblia nos enseña que David fue un rey conforme al corazón de Dios. David llamó a Mefi-Boset no con el propósito de juzgarlo o condenarlo, sino para restaurarlo, sacarlo de Lodebar y sentarlo a su mesa como uno de los hijos del rey.

Muchos de nosotros podemos identificarnos con Mefi-boset, un niño que perdió su alegría, sueños y esperanza debido a un trauma. Durante años, nos hemos escondido en Lodebar por miedo. Sin embargo, hay un Rey llamado Jesús, a quien no le importa nuestra condición pasada y que ahora nos está invitando a sentarnos a la mesa con Él.

>*Salmos 91:15*
>*Me invocará, y yo le responderé; con él estaré yo en la angustia; Lo libraré y le glorificaré.*

- Punto de Reflexión / Preguntas
- Ofrenda / Anuncios / Peticiones
- Oración final

Tema 52

UNA BUENA OPORTUNIDAD

¿Alguna vez te has arrepentido de haber dejado pasar una buena oportunidad?

La historia de Richard Montañez es una de las más conocidas entre los latinos que residen en los Estados Unidos. Hijo de migrantes mexicanos, creció en California, EE. UU., y se convirtió en un ejecutivo destacado en Frito-Lay, la empresa multinacional reconocida por sus papas fritas y snacks.

Richard vio una oportunidad significativa para contribuir al éxito de la compañía para la cual trabajaba, Frito-Lay, que atravesaba dificultades financieras debido a la falta de ventas de sus productos.

A pesar de ser un conserje de limpieza en la empresa, tuvo la visión de crear productos que fueran del agrado del pueblo mexicano-americano. Persistió con la idea de los famosos Cheetos picantes, también conocidos como Flaming Hot Cheetos, lo que resultó en un gran éxito para la compañía. Esto le permitió ascender a puestos más altos con una remuneración mejorada, y contribuyó a la creación de muchos más productos dirigidos al consumo de la comunidad latina.

2 Corintios 6:1-2

Así, pues, nosotros, como colaboradores suyos, os exhortamos también a que no recibáis en vano la gracia de Dios. Porque dice: En tiempo aceptable te he oído, Y en día de salvación te he socorrido. He aquí ahora el tiempo aceptable; he aquí ahora el día de salvación.

Dios nos brinda a todos una oportunidad valiosa, sin importar quiénes somos ni lo que hemos hecho. Hay una puerta abierta para cada uno de nosotros, y todo depende de si estamos dispuestos a aprovecharla. Ya sea una oportunidad laboral, la posibilidad de hacer una buena compra, acceder a una educación de calidad o prepararnos mejor, la elección está en nuestras manos.

Isaías 45:5

Yo soy el Señor y no hay otro; fuera de mí no hay ningún Dios. Aunque tú no me conoces, te fortaleceré.

Pero Dios nos ha dado la oportunidad más grande que podamos tener y es, el llamado a la salvación. La oportunidad de una mejor vida.

Hechos 3:19

Así que, arrepentíos y convertíos, para que sean borrados vuestros pecados; para que vengan de la presencia del Señor tiempos de refrigerio.

Richard Montañez tuvo una oportunidad extraordinaria y hoy en día es un empresario sumamente exitoso, pasando de ser el encargado de limpieza a convertirse en gerente de FRITO-LAY. Sin embargo, es crucial recordar que el éxito terrenal es efímero, mientras que la salvación es eterna. No desperdicies la oportunidad tan significativa que Dios nos brinda, ya que habrá momentos en los que buscaremos Su presencia y Él no estará disponible.

Isaías 55:6-8
Buscad a Jehová mientras puede ser hallado, llamadle en tanto que está cercano. Deje el impío su camino, y el hombre inicuo sus pensamientos, y vuélvase a Jehová, el cual tendrá de él misericordia, y al Dios nuestro, el cual será amplio en perdonar. Porque mis pensamientos no son vuestros pensamientos, ni vuestros caminos mis caminos, dijo Jehová.

Hoy se presenta ante ti una oportunidad que no debes dejar pasar. Ese día es hoy, y el momento es ahora. Busca del Señor; Él tiene sus brazos abiertos, esperando para recibirte.

- Punto de Reflexión / Preguntas
- Ofrenda / Anuncios / Peticiones
- Oración final

Notas:

_____

_____

_____

Para adquirir este libro, puede visitarnos, llamarnos o escribirnos a:

750 Office Plaza Blvd. Kissimmee FL 34744

Email: lospentecostalesdeko@gmail.com

De Kissimmee Extensión Orlando
UPCI

NUEVA GENERACIÓN DE DISCÍPULOS

M I N I S T E R I O S

Made in the USA
Columbia, SC
27 February 2024

32077655R00114